Observatorio Astronómico de Bogotá

Pedes in terra ad sidera visum

Observatorio Astronómico de Bogotá

Pedes in terra ad sidera visum[1]

Roberto José Londoño y Alessandra Morales

ÉRASE UNA VEZ UN EDIFICIO...

Universidad de los Andes, Departamento de Arquitectura
Fondo de apoyo para investigación a profesores asistentes

Londoño Niño, Roberto José

    Observatorio Astronómico de Bogotá, Pedes in terra ad sidera visum / investigación, Roberto J. Londoño y Alessandra Morales. – Bogotá : Universidad de los Andes, Departamento de Arquitectura, Programa de Apoyo Jóvenes Investigadores, Ediciones Uniandes, 2007.

    p. ; cm. – (Serie Erase una vez un edificio ...)

    ISBN 978-958-695-310-8

    1. Observatorio Astronómico Nacional (Bogotá) - Historia 2. Observatorios astronómicos – Bogotá (Colombia) I. Morales Ferraro, Alessandra II. Universidad de los Andes (Colombia). Facultad de Arquitectura y Diseño. Departamento de Arquitectura. Programa de Apoyo Jóvenes Investigadores III. Tít.

CDD 727.5   SBUA

La presente edición, noviembre de 2007

© Universidad de los Andes
Departamento de Arquitectura
Bogotá D.C. (Colombia)
http://arquitectura.uniandes.edu.co

Ediciones Uniandes
Bogotá D.C., Colombia
http://ediciones.uniandes.edu.co
infeduni@uniandes.edu.co

UNIVERSIDAD DE LOS ANDES
Carlos Angulo Galvis - Rector

FACULTAD DE ARQUITECTURA Y DISEÑO
Willy Drews Arango - Decano

DEPARTAMENTO DE ARQUITECTURA
Alberto Miani Uribe - Director

INVESTIGACIÓN Y EDICIÓN
© Roberto José Londoño y Alessandra Morales
Programa de apoyo Jóvenes Investigadores
Departamento de Arquitectura, Universidad de los Andes

AGRADECIMIENTOS
Jorge Gamboa
Mateo López
Julián Pérez
Paula Valcárcel

TALLER DE PUBLICACIONES DEL DEPARTAMENTO DE ARQUITECTURA
Coordinación: Rafael Villazón
Diseño y diagramación: Adriana Páramo y Angélica Ramos

CORRECCIÓN DE TEXTOS
Alfonso Mora

FOTOGRAFÍA DE CUBIERTA
Jorge Gamboa

ISBN 978-958-695-310-8

Contenido

Agradecimientos y créditos

El presente trabajo tiene una larga lista de participantes a quienes sería prácticamente imposible nombrar individualmente. Se trata, en principio, de los estudiantes de arquitectura de la Universidad de los Andes, que cursaron el Taller de Arquitectura I en el lapso comprendido entre el primer semestre de 1999 y el primer semestre de 2004. Es a ellos y a todos los demás estudiantes de arquitectura a quienes se debe este trabajo y también a quienes se dedica especialmente.

Gracias a la participación de todos, se logró, poco a poco, mediante ejercicios instrumentales e interpretativos, descifrar la configuración de este particular edificio, que hizo parte de las construcciones estudiadas en este curso introductorio al estudio de la arquitectura y la ciudad[2].

En la preparación del presente documento ha sido definitiva la participación de los siguientes profesores: Cristina Albornoz, Rafael Villazón, Alberto Miani, Antonio Manrique, Alfredo de Brigard. Y a la (recientemente nombrada) profesora Alessandra Morales, autora de la mayor parte de los dibujos incluidos en este documento.

Así mismo se debe agradecer la colaboración que ha prestado la Universidad Nacional de Colombia a través del director del Observatorio, señor William Cepeda, como también al ex director, señor Jorge Arias de Greiff, por sus acertados comentarios. Y al astrónomo de la Universidad de los Andes, Benjamín Ostra.

Los estudiantes, monitores y asistentes más próximos en la etapa final, han sido los responsables de las tareas específicas que acometieron con tanto entusiasmo y sin las cuales este proyecto no hubiera podido ser. Ellos son: Daniel Cardoso, Julián Pérez, Paula Valcárcel, Gerardo Casas, Ricardo López, Ana María Saldarriaga y Óscar Benavides.

A todos, un agradecimiento muy especial.

1. Maqueta plegable. Realizada por los estudiantes Catalina Giangrandi y Carlos González.

[2] El curso en mención es el Taller I, Los elementos, y, además del Observatorio, en él se han estudiado también el Quisco de la Luz, la Quinta de Bolívar, el teatro del Centro Antonio Nariño, el Campito de San José, el Cementerio Central, el edificio de la Imprenta en la Universidad Nacional de Colombia (Museo de Arquitectura), el edificio Francisco Camacho (cra. 8ª con av. Jiménez de Quesada, antigua librería Bücholz), el Pabellón del Café (Museo Nacional de Colombia) y el Gimnasio Moderno, como los edificios y conjuntos más destacados en los cuales se ha centrado el curso y sus lecciones correspondientes. El método aplicado en este curso es similar al de los cursos de Historia: el Taller de Historia I y II, que sucede en paralelo, se basa también en estudios de caso, esta vez tomados de ciudades como París o Roma, donde el espectro temporal es un poco mayor y el énfasis se hace exclusivamente en un edificio durante todo el semestre.

Presentación

There's a lady who's sure all that glitters is gold
And she's buying a stairway to heaven
And when she gets there she knows if the stores are closed
With a word she can get what she came for
Woe oh oh oh oh oh
And she's buying a stairway to heaven...

Led Zepelin[3]

---

[3] Primera estrofa de la canción *Stairway to heaven* del grupo Led Zepelin ¿Acaso otra forma de entender ese atávico acto de querer subir para ver cada vez más?

2. Escalera del Observatorio Astronómico, 2005. Vista a través del ojo.

El Observatorio Astronómico de Bogotá es el segundo estudio monográfico contenido en la serie *Érase una vez un edificio...*, basada en obras significativas de la arquitectura en Colombia. El interés por este edificio, así como por los demás estudios de caso, radica en explorar las posibilidades que ofrecen desde el punto de vista pedagógico, es decir, en el reconocimiento de las lecciones específicas que derivan de dirigir la mirada con la intención de ver, entender y proponer.

En este sentido, se asume que todas las construcciones estudiadas son, por una parte, el producto de las necesidades y expectativas de un momento en un lugar determinado, pero, al mismo tiempo, discursos que hoy y siempre podrán ser leídos a la luz de quien los está mirando y quiera arriesgar una interpretación.

Las lecciones son, pues, producto de una lectura particular y de las interpretaciones hechas que parten de la convicción de reconocer unos principios arquitectónicos inmutables, tanto como la existencia de unas relaciones básicas. Así, con la disposición de ánimo y el interés se ha emprendido la tarea en la que ha sido posible aprender acerca de la manera en que este edificio fue construido y, por este camino, acerca de los conocimientos técnicos manejados en los primeros años del siglo XIX; se ha podido indagar acerca del significado que pudo tener esta obra en el momento de su construcción y el que hoy le conferimos; se ha podido aprender acerca del funcionamiento de un observatorio y de cómo y por qué el edificio adoptó esta forma tan singular.

El camino, sin embargo, no ha sido fácil. En un comienzo, la escasa información disponible permitió apenas hacer volumetrías aproximadas, lo mismo que planos con más incógnitas que certezas. No obstante, ante la insistencia por seguir adelante, fueron apareciendo nuevos datos e información que sirvió para alcanzar una mayor precisión en las deducciones que hicieron los estudiantes.

Fue solamente en los meses de junio y julio del 2005 cuando finalmente se pudo acceder al edificio con un grupo reducido de estudiantes, para poder hacer un estudio *in situ.* Lo que hasta el momento había sido un ejercicio de interpretación de indicios, basados en la información disponible, se convirtió en la base sobre la cual adelantar un levantamiento arquitectónico y con esto descubrir y entender las ingeniosas soluciones adoptadas por fray Domingo de Petrés. Fue esta, sin duda, una de las más significativas y emocionantes enseñanzas que ha producido esta obstinación por estudiar el Observatorio.

En todo momento, vale decir, existió la convicción de estar aprendiendo tanto de este como de los demás ejemplos estudiados, en un proceso que se inicia con la observación, pasa a la documentación, la representación y concluye, como se pretende demostrar, con un análisis en el cual se reúnan y comparen las enseñanzas obtenidas.

A partir de lo anterior, se puede entonces decir que ver es la operación mediante la cual el edificio ha aparecido ante los ojos de la emoción y la razón. Que ha sido, además, una manera de acceder a una fuente de conocimiento inagotable y siempre vigente, capaz de enriquecer el espíritu y cultivar la creatividad. Una fuente de conocimientos que no solamente se limita al objeto construido y a su disciplina, sino que gracias a su generosa amplitud —definida entre la técnica y el arte— ha servido

⁴ Tomado del programa para
el curso de Historia de la
Arquitectura de la Universidad
de Dortmund (Alemania).

para relacionar campos tan diversos como la historia, la ingeniería, la filosofía, la antropología, el arte y la economía, por poner como ejemplo estas disciplinas tradicionales.

Vista de esta manera, la arquitectura es siempre el resultado de un proceso alimentado desde distintas fuentes. Es tarea de la investigación histórica de la arquitectura, destilar la esencia de este proceso.[4]

Si bien la monografía surge de la experiencia del curso Taller de Arquitectura I, obedece a la estructura en la cual se han organizado las actividades correspondientes a los cursos Taller de Historia I y II del Ciclo Básico en la Universidad de los Andes. En este sentido, la idea es no solamente verificar esta propuesta metodológica seguida en estos cursos desde 1997 (año en el que inició la reforma curricular), sino también ejemplificar una de las premisas fundamentales del currículo, donde se dice que es posible aprender arquitectura desde la arquitectura misma. Postulado que en el inicio de esta reforma ha guiado la orientación de la mayor parte de los cursos.

Así pues, la presente monografía se estructura en cuatro capítulos, llamados lecciones, que en conjunto constituyen el método básico de los cursos mencionados, con el que se busca que los estudiantes accedan a una serie de herramientas para investigar dentro del infinito mundo de la historia. La primera condición para hacerlo es partir de un estudio de caso, un edificio ubicado en una ciudad y un momento; esto, en contra de la mirada panorámica en la que siempre serán excluidos o sobrevalorados algunos periodos o prácticas específicas. Se trata en últimas de seguir un camino que inicia con la escogencia de un objeto específico, y partiendo de este, se deben encontrar las relaciones con todas aquellas circunstancias que lo hicieron posible.

Las cuatro lecciones en las que se estructura el curso y que son ahora asumidas como los capítulos en los que se organiza el presente estudio son:

1. **Visión general**. Corresponde a la ubicación dentro de un contexto, tanto temporal como espacial, de los principales temas con los cuales se relaciona el edificio directa e indirectamente, para dar cuenta con esto de su condición histórica. En esta primera lección, se trata por tanto de explicar el porqué del edificio, desde las condiciones externas que marcan el curso de los acontecimientos.

2. **Documentación**. Se refiere, en términos generales, a uno de los aspectos más importantes en el proceso de investigación[5]: dejar claramente marcados los pasos en los que fue realizada la aproximación al edificio, a sus fuentes documentales, a las personas que de una u otra manera han tenido algún conocimiento y así, a todas las explicaciones que resulten útiles para conocer el edificio en todo el sentido de la palabra, dejando el camino despejado para las futuras investigaciones y por supuesto, para nuevas interpretaciones.

3. **Representación**. Se refiere a la traducción en términos del dibujo, de todos los hallazgos hechos. Se trata de un edificio inmerso en un contexto urbano y por lo tanto es importante alcanzar la descripción más precisa posible, tanto bidimensional como tridimensional de su configuración. Esta labor supone acudir a los instrumentos y a los recursos del dibujo así como a las maquetas para descifrar y explicar el edificio de la manera más clara y objetiva posible, según las convenciones arquitectónicas.

4. **Análisis**. Se refiere a la reflexión respecto a la definición total y a la significación del edificio. Esto es, a las cuestiones que permitan entrar en una comprensión completa del edificio, como ente histórico, arquitectónico y urbano a la vez. Para esto, se han planteado preguntas generales que deben a su vez llevar a otras: ¿dónde está el edificio?, ¿qué lo rodea?, ¿cómo es y qué significado tiene?

Responder estas preguntas —simples en apariencia— significa entrar en tres escalas: geográfica, sectorial y arquitectónica, y hacer esto considerando el espectro temporal, es decir, asumiendo las condiciones variables

[5] Es importante decir que en el nivel básico de investigación formativa que se maneja en estos cursos, a la tarea documentación se le concede tanta importancia como a la interpretación.

propias de cada momento, así como el igualmente cambiante sentido que el edificio ha tenido. La separación por capas, la descomposición en partes y elementos, la mirada temática, la comparación, por ejemplo, son los mecanismos con los cuales se puede llegar a obtener respuestas y a las nuevas preguntas que aseguren amplitud a todas las interpretaciones.

A partir de estas cuatro lecciones se espera poder llegar a probar las bondades y flaquezas de este método para adelantar el estudio de los edificios, en cualquier lugar y época. Es pues una estrategia general basada en cuatro frentes —simultáneos además— con los cuales se quiere aportar al estudio de los edificios. El ejemplo, en este caso, es el Observatorio Astronómico, y el resultado, un estudio particular que con seguridad merece seguir siendo adelantando con nuevas miradas, ojalá cada vez más frescas y originales.

3. Vista exterior del Observatorio Astronómico, junio de 2004.
Fotografía de Daniel Cardoso.

1. Visión general

Por solicitud de Don José Celestino Mutis

*Se construyó este observatorio durante el gobierno del virrey don
Pedro Mendinueta. El arquitecto fray Domingo Petrés dirigió la
obra, que terminó el 20 de agosto de 1803. Caldas trabajó en él
desde 1806 hasta 1810. El general Tomás Cipriano de Mosquera
le dio impulso en 1862 y en 1866. El Dr. Rafael Núñez restable-
ció las observaciones astronómicas en setiembre de 1880 y lo
dotó de instrumentos y reglamentó sus trabajos. En 1881, con
la colaboración del Dr. Ricardo Becerra, secretario de Instrucción
Pública, José M.ª González Benito, Director del Observatorio,
tributa este homenaje de reconocimiento el 20 de julio de 1881*[6]

---

[6] Texto que aparece en la placa conmemorativa instalada en la escalera del Observatorio, que
contiene algunas fechas y personalidades asociadas a la historia de este edificio.

El Real Observatorio Astronómico de San Carlos en Santa fe de Bogotá

El Observatorio Astronómico de Bogotá, llamado inicialmente Real Observatorio de San Carlos, fue promovido y financiado por José Celestino Mutis[7], con planos y dirección de fray Domingo de Petrés[8]. La obra comenzó el 24 de mayo de 1802 y terminó el 20 de agosto de 1803, tras casi 15 meses de construcción y un costo de 13 845 pesos[9]. Su ubicación, según Francisco José de Caldas, es de 4° 36′ 6″ de latitud norte (bastante próxima a la vigente). La longitud, también establecida por Caldas, es de 4h 32′ 16″ W del Observatorio de isla León (Cádiz), medida que se pudo precisar años más adelante con la ayuda de cronómetros y que fue ajustada luego con transmisores de radio. En la azotea de este edificio se estableció a mediados del siglo XIX el origen del sistema de coordenadas geográficas (punto millón, millón [1000 000N, 1000 000E]), así como la referencia para la altitud sobre el nivel del mar de 2 624,88 m que por muchos años se midió en el pavimento del segundo piso de este edificio[10].

Los años iniciales en el Observatorio, primero construido en América del Sur, fueron marcados por una intensa actividad adelantada por el desde entonces llamado *Sabio Caldas*[11]: Se registraron algunos eclipses que permitieron precisar la longitud de Santa fe. Se pudo observar el paso de un cometa que coincidió, exactamente, un año antes, con la fecha de muerte de Mutis. Se registraron estrellas, estrellas dobles y otros fenómenos naturales. Se tomaron datos barométricos que procuraban pronosticar el clima; se concibió el proyecto —no culminado— de producir el catálogo de las estrellas australes. Y como complemento a las observaciones astronómicas y las tareas cartográficas, tuvieron lugar aquí las reuniones editoriales del *Semanario de la Nueva Granada*, revista científica dirigida por Caldas, dedicada a promover las ciencias.

[7] José Celestino Mutis (Cádiz, 1732–Santa fe de Bogotá, 1811).

[8] Fray Domingo de Petrés (Petrés [próximo a Sagunto], 1759–Santa fe de Bogotá, 1811).

[9] El costo del edificio es relativamente bajo si se compara con el Puente del Común, que sumó 1000 000 de pesos, o el proyecto, también de Domingo Esquiaqui, para el Palacio de los Virreyes, que ascendía, según se estima, a los 800 000 pesos.

[10] Actualmente la altitud de Bogotá es de 2550 m.s.n.m. medidos en el aeropuerto internacional El Dorado. La altitud de 2624,88 es establecida por Belisario Arjona.

[11] Francisco José de Caldas (Popayán, 1768–Santa fe de Bogotá, 1816). Primer director del Observatorio Astronómico, como discípulo de Mutis. Inventó el hipsómetro con el que se puede calcular la altitud a partir del punto de ebullición del agua.

Todo esto, acompañado por los célebres debates y las conspiraciones que dieron paso, de forma indirecta, a la independencia del régimen español.

El edificio se ubica hoy sobre la carrera octava, entre el Capitolio Nacional y el Palacio de Nariño, en el llamado barrio del Palacio. Antes de optarse por la nomenclatura numérica, las calles próximas al edificio se reconocían por los nombres de Santa Clara y del Chocho —cra. 8.ª, calle 8.ª respectivamente—, configurando estas el cruce de la esquina suroccidental del jardín de la Casa Botánica donde se construyó el Observatorio. En un comienzo, esta esquina contaba con un muro de ladrillo que fue derribado en 1885 y sustituido por una reja, lo que permitió no solo ver completamente el edificio desde la calle, sino también el jardín con las plantas traídas por Mutis en sus múltiples viajes. Todavía hoy es posible apreciar entre estas, una de las variantes de la quina, planta medicinal de gran importancia en los siglos XVIII y XIX y con cuyo estudio, titulado *El arcano de la quina*, Mutis logra conseguir la renovación de los fondos para continuar con sus investigaciones.

La vida del Observatorio ha estado marcada por diferentes usos que implicaron ciertas transformaciones. Luego del fusilamiento de Caldas, vino el decomiso de libros e instrumentos, ordenado por Pablo Morillo tanto en la Casa Botánica como en el Observatorio. Al respecto dice Rafael de Sevilla, colaborador de Sinforoso Mutis (sobrino de Mutis), encargado de la tarea: "Trabajando diariamente desde las 8 de la mañana hasta las 4 de la tarde con centinelas de vista, siendo yo simplemente un ayudante, en menos de 30 días ordenó y envasó lo principal de aquel museo en ciento cuatro cajones de a vara en cuadro".[12]

El Observatorio fue desde entonces objeto de múltiples transformaciones, acompañadas todas de las vicisitudes propias del siglo XIX, como se verifica haciendo un rápido repaso de sus directores[13].

[12] Tomado de Alfredo Bateman, *El Observatorio Astronómico de Bogotá*, *monografía histórica con motivo de su 150 aniversario*, Bogotá: Universidad Nacional de Colombia, 1953, p. 32.

[13] Extraído de Bateman, *El Observatorio Astronómico de Bogotá*, citado. Estos datos se complementan con los del artículo "Reseña histórica del Observatorio Astronómico y Metereológico de Bogotá", escrito por Jorge Álvarez Lleras y publicado en la *Revista de la Academia Colombiana de Ciencias Exactas, Físicas y Naturales*, vol. II, n.º 6, Bogotá: 1938.

4. Billete de 20 pesos con la imagen de Caldas tomando mediciones sobre un globo terráqueo. La fecha de emisión del billete es 12 de octubre de 1966.

Francisco José de Caldas fue el primer director, encargado por Mutis. Aquí estuvo desde 1805 hasta 1810.

Desde este año hasta 1823, el edificio estuvo clausurado debido a las guerras de independencia.

En 1823 llega al país la Misión de Boussingault compuesta por cinco científicos que ocupan el Observatorio y la Casa Botánica con la intención de retomar los trabajos de investigación, suspendidos hasta el momento.

En 1827, una vez disuelta la misión, el Observatorio es confiado al doctor Benito Osorio quien es reemplazado al año siguiente por Benedicto Domínguez, nombrado como director del recién fundado museo[14], cuya sede fue la Casa Botánica y el Observatorio.

Este mismo cargo fue conferido al coronel Joaquín Acosta en 1832, quien permaneció en él por cinco años, hasta 1837, año en el dejó el país para cumplir una corta misión diplomática, y solo volvió a ocuparse de las tareas del museo en 1840.

Francisco Javier Matiz (quien se desempeñó como dibujante de la Expedición Botánica) es a partir de 1840 el encargado del Observatorio, hasta 1848 cuando se funda el Colegio Militar, que

[14] El museo dio origen al hoy Museo Nacional de Colombia, ubicado en el Panóptico de Cundinamarca, sector de San Diego, en Bogotá.

adopta la edificación como sede. Esta, sin embargo, debe ser cerrada por el llamado "golpe de Melo" en 1854.

En 1859 José Cornelio Borda asume las tareas científicas, que se suspenden al año siguiente. En 1862, el general Leonardo Canal ocupa el edificio con sus tropas que encuentran en este una situación estratégica ideal para la defensa y el ataque, lo cual lo deja, como es de imaginar, en muy malas condiciones.

Indalecio Liévano asume la dirección una vez reestablecido el orden y coloca la barra meridiana que reemplaza la anterior (que había sido fundida para fabricar proyectiles). En la nueva meridiana se puede leer: *Colocada en 1886 por orden del General Tomás Cipriano de Mosquera, presidente de la Unión. Por Indalecio Liévano, director del Observatorio.*

El 23 de mayo de 1867 es derrocado el general Tomás Cipriano de Mosquera, quien dos días después es trasladado al Observatorio, transformado esta vez en prisión. Mosquera permanece hasta el 22 de noviembre del mismo año, fecha en la cual parte hacia Lima a cumplir su destierro[15].

En febrero de 1868 es nombrado José María González como director. Este, a su vez y con la preocupación de no abandonar las tareas por un solo momento, instala un nuevo observatorio en su casa, localizada en la Plaza de los Mártires. En este mismo año, también se tiene noticia de la visita de dos científicos alemanes quienes tomaron algunas mediciones importantes de longitud y latitud en Bogotá. Dice al respecto Julio Garavito:

En 1868 se les permitió a los exploradores alemanes W. Reiss y V. A. Stubel que hiciesen algunas observaciones referentes a la posición del observatorio. Ellos ejecutaron nueve observaciones de latitud por alturas circunmeridianas del Sol y varias estrellas, y diez distancias

[15] Ver fotografía del general Mosquera jugando una partida de ajedrez con su asistente, en el capítulo 2, p. 59

lunares para la determinación de la longitud. Estas observaciones con sus respectivos resultados se hallan consignados en la obra titulada W. Reiss und A. Stubel, 1868 und 1869, tomo II.[16]

Luis Lleras Triana es el director del Observatorio a partir de 1873 y pasa a ser reemplazado por Rafael Nieto París.

Entre 1893 y 1920 el astrónomo Julio Garavito asume la dirección y desarrolla una importante labor, de la que se destaca el haber calculado el paso del cometa Halley, con lo que se disiparon las supersticiones que circulaban en torno a lo que esto supondría. La obra de Garavito es tan importante que la comunidad de astrónomos decide designar un cráter de la luna con su nombre.

Después de Garavito, asume la dirección Jorge Álvarez Lleras quien adelanta varias tareas importantes en la investigación astronómica y publica la primera reseña sobre el Observatorio.[17]

En los años cuarenta y según se evidencia en algunas fotografías, se instaló una antena, lo cual permite suponer que bien hubo una emisora radial, o bien se trataba de antenas adaptadas a los instrumentos de medición de longitudes.

[16] Tomado de "Reseña histórica del Observatorio de Bogotá", en *Revista Ilustrada*, año 1, vol. 1, n.º 10, Bogotá, 27 de febrero de 1899.

[17] En el capítulo 2, Documentación, se describen cuáles son los contenidos particulares de esta reseña.

5. Billete de 20 mil pesos con la imagen de Julio Garavito. La fecha de emisión del billete es 22 de septiembre de 2004.

Belisario Ruiz Wilches fue director en 1953, año en que el edificio fue sede de los estudios académicos de astronomía de la Universidad Nacional de Colombia. En esa época sufrió una serie de adaptaciones hechas para poder impartir lecciones en sus dos salones.

Jorge Arias de Greiff, William Enrique Cepeda Peña y Mario Armando Higuera Garzón han sido los directores más recientes, vinculados todos a la Universidad Nacional.

Hoy en día, cumplidos más de doscientos años de existencia, el Observatorio se conserva relativamente bien, es un Monumento Nacional[18], hace parte de los jardines de la casa de Nariño y se encuentra acompañado por los bustos conmemorativos de Alexander von Humboldt, Julio Garavito y José Celestino Bruno Mutis. A raíz de su segundo centenario, se adelantó el diseño de un monumento conmemorativo basado en una esfera armilar bajo la cual se habría de ubicar una placa con los nombres de los directores y benefactores, así como un tablero digital encargado de marcar la hora oficial y la posición (latitud, longitud y altitud). Proyecto que a la fecha —afortunadamente— no se ha llevado a cabo.

José Celestino Mutis y el proyecto científico

El Observatorio Astronómico de Bogotá hizo parte del proyecto de investigación científica en la Nueva Granada adelantado por José Celestino Mutis como respuesta a sus intereses particulares y en coincidencia con los de la corte del rey Carlos III[19] en las colonias. El proyecto, conocido como la "Expedición Botánica", se explica desde la mentalidad de una época en la cual se asumió la necesidad de ampliar el conocimiento en las áreas de la zoología, la botánica, la arqueología y la astronomía, suscitado tras los via-

[18] El Observatorio es declarado Monumento Nacional mediante decreto 014 de 1971. Declaratoria que se extiende a varios monumentos en Bogotá y alrededores de la Sabana.

[19] Carlos III (1716–1788) rey de España, promotor de las ciencias y de profundas reformas.

6. José Celestino Mutis en su gabinete de trabajo. Retrato realizado por Pablo Antonio García del Campo en 1801, perteneciente actualmente al Colegio Mayor del Rosario (está ubicado en el aula magna). Se aprecia en la pintura un hipsómetro, un termómetro y un telescopio además de los numerosos libros y el cuaderno en el que Mutis anota sus observaciones. Curiosamente, no existe alusión alguna a la ciencia botánica.

jes de exploración del siglo XVIII y en los que se hacía evidente, además, la clara intención económica del gobierno peninsular.

Durante este siglo, al amparo de lo ya mencionado, se desarrollan extensos trabajos de clasificación de especies a cargo de científicos como Linneo[20] (con el que Mutis mantuvo una relación epistolar durante largos años). Estuvieron también Alexander von Humboldt y Aimé Bonpland[21], quienes en 1801, mientras se dirigen desde La Habana hacia Quito, deciden, motivados por conocer la obra de Mutis, desviarse hacia Cartagena de Indias para visitar al famoso botánico en Santa fe.

El recibimiento y la estadía, así como el trayecto por el río Magdalena, pasando por Mompox y Honda, son de gran interés para Von Humboldt y Bonpland, como se demuestra en sus escritos de los que tiene un particular interés la carta que escribe el primero a su hermano Guillermo. En esta, se narran algunas de sus impresiones al llegar a la ciudad, conocer a Mutis y ver en detalle el alcance de su obra, como se transcribe a continuación:

> Desde Honda se asciende 1370 toesas [1 toesa = 1,949 m] hacia Santa fe de Bogotá. El camino entre las rocas es indescriptiblemente malo: se trata de una pequeña escalera abierta en la piedra de un ancho de tan solo 18 a 20 pulgadas, de modo que el cuerpo de las mulas puede pasar únicamente con suma dificultad. Se sale de la boca del monte a 4 grados 35 minutos de latitud norte y de pronto nos encontramos ahora con una planicie inmensa de más de 32 millas cuadradas francesas, en la que no se ve ningún árbol, pero que está cultivada con diferentes variedades de cereales europeos y llana de poblados indígenas [...] Nuestra llegada a Santa fe, semejó a una marcha triunfal. El arzobispo envió a nuestro encuentro su carroza en la que vinieron a recibirnos los más notables de la ciudad. Se nos ofreció un almuerzo a dos millas de Santa fe e ingresamos con un

[20] Carl von Linneo (1707–1778), naturalista sueco, autor de *Systemae Naturae* (1735) y *Philosophia Botanica* (1751).

[21] Alexander von Humboldt (1769–1859) y Aimé Bonpland (1773–1858) permanecen en Santa fe desde el 8 de julio hasta el 8 de septiembre de 1801. La mayor parte de estas descripciones se encuentran consignadas en su *Voyage aux regions equinoxials du nouveau continent (depuis 1799 jusque 1804)*, así como en las cartas a su hermano Guillermo. Alexander von Humboldt escribe también *Geografía de las plantas equinocciales*, traducido del francés por Jorge Tadeo Lozano.

séquito de más de 60 personas a caballo. Sabiéndose que veníamos a visitar a Mutis y gozando este de una extraordinaria reputación en toda la ciudad, debido a su avanzada edad, a su prestigio en la corte y a su carácter personal, se buscó a causa suya, de conferir a nuestra entrada un cierto brillo y honrar a Mutis en nuestras personas […] Es un anciano venerable, sacerdote de casi 72 años de edad y además dotado de fortuna.

El rey paga por la Expedición Botánica local 10 000 piastras anuales. Desde hace 15 años, trabajan 15 pintores para Mutis, él posee de 2000 a 3000 dibujos en folio mayor, que parecen pinturas en miniatura. Luego de la biblioteca de Banksys en Londres, no he visto nunca una biblioteca botánica más grande que la de Mutis.[22]

[22] Tomado de *Viajeros extranjeros en Colombia*. Siglo XIX, Bogotá: Carvajal, 1970, p.15

En medio de este panorama y alentado seguramente por Von Humboldt, reaparece el interés de Mutis por iniciar la construcción del Observatorio, obra que, según parece, tenía en mente desde hacía muchos años, consciente de la importancia de tener un soporte geográfico y astronómico para sus investigaciones. Mutis había llegado a la Nueva Granada en 1760, llamado por el virrey Pedro Messía de la Zerda para ser su médico de cabecera, y gracias a sus viajes por la región, incluido el primero, de Cartagena de Indias a Santa fe, empieza a descubrir la variedad de fauna y flora para él, hasta entonces desconocida. Motivado por la novedad que le supuso la naturaleza en el trópico, logra crear, una vez establecido en Santa fe, un vínculo con la escasa, aunque entusiasta, comunidad científica. A partir de este momento, su obra comienza a convertirse en una de las más importantes investigaciones de la época, y Mutis, en una de las figuras más influyentes, no solo en el ámbito científico sino también localmente en lo que respecta a la formación del espíritu liberal que tendrá consecuencias, de toda índole, años más adelante. Por tanto, bajo el proyecto de la Expedición Botánica concebida en varios frentes, una ciudad como Santa fe y un territorio como la Nueva Granada entran a formar parte de los intereses de la comunidad científica en una órbita más amplia, siendo su símbolo —en una gran medida— la figura de Mutis.

Mutis promulgaba una fe en la Ilustración que se basaba en un sistema de virtudes claramente opuestas a las supersticiones y a los sistemas filosóficos abstractos, propios de un mundo vetusto, más próximo al miedo que a la razón. Las virtudes son *la búsqueda de la verdad*, lo que supone siempre la necesidad de una experimentación y una argumentación lógica demostrable; *la prudencia*, lo que implica alejarse de la vanidad y las ilusiones tan afines al hombre; *la paciencia*, porque los procesos de experimentación, observación y sus consabidas comprobaciones son tareas que en rigor requieren tomar medidas una y otra vez; *la ingenuidad*, o más bien el desinterés necesario *que acompaña siempre el amor por la verdad* [que] *debe reinar en las disputas filosóficas*.

A estos puntos debe agregarse el que Mutis consideraba compatibles el conocimiento teológico (divino) con el de la naturaleza. Eran, según decía, saberes complementarios. Lo importante, eso sí, es que exista una justa medida, pues se corre el peligro de caer en la exageración que *degenera ya de una noble curiosidad y excediendo los límites de la razón pretende elevarse para conocer, si le fuera permitido, todos los misterios de la naturaleza reservados al Autor del Universo*[23].

[23] Tomado de Renán Silva, *La Ilustración en el virreinato de la Nueva Granada*, Medellín: Carreta, 2005, p. 60

En 1772 Mutis es ordenado sacerdote. Esto no le impide seguir dedicado al estudio de las ciencias de la naturaleza, lo que hace alternadamente con la teología. En este mismo año, gracias al descubrimiento de la quina y sus variadas procedencias, así como a la relación científica con España, Mutis es nombrado miembro corresponsal del Jardín Botánico de Madrid. El nombramiento significa un importante reconocimiento por parte de las autoridades científicas españolas y en 1778 conforma oficialmente la Expedición Botánica tras largas esperas y gestiones burocráticas.

Si bien entre todas las ciencias la botánica es la disciplina en la que Mutis se movía con más comodidad, es conocido también su interés particular por la astronomía, tanto así, que llega a dictar en 1773 un curso basado en la teoría copernicana, formulada casi dos siglos antes y basada en el principio heliocéntrico contrario al geocéntrico concebido por Tolomeo. Este hecho, inocente en apariencia, le cuesta un enfrentamiento con la comunidad de los padres dominicos, como aclara González Suárez, arzobispo de Quito:

> Algunas ligeras molestias hubo de padecer Mutis con motivo de su enseñanza del sistema astronómico de Copérnico; pues los padres Dominicanos, bajo cuya dirección estaba la universidad Tomística de Bogotá, en unas conclusiones filosóficas, dedicadas al comisario de la Inquisición, se propusieron sostener y defender que el sistema astronómico de la inmovilidad del Sol y de la rotación de la tierra era contrario a la Santa escritura, a la doctrina de los Santos Padres y a las enseñanzas de la iglesia Romana[24].

[24] Tomado de la *Revista de la Academia Colombiana de Ciencias Exactas, Físicas y Naturales*, febrero-julio de 1938, p.173

[25] En la cita que se hace de la carta que Von Humboldt escribe a su hermano, se hace mención de dicha biblioteca. Esta es sin embargo una de las incógnitas que en este estudio no se han podido resolver. Llegar a conocer con más precisión los títulos y los contenidos de los libros de astronomía y los eventuales libros de arquitectura que Mutis consultaba, seguramente puede ayudar a esclarecer la razón de la forma de este singular observatorio astronómico.

Otra prueba del interés de Mutis por la astronomía —además del obviamente demostrado en la construcción del Observatorio— es su biblioteca[25], compuesta por cerca de 8524 volúmenes, llegados de Europa, dedicados a temas religiosos en su mayoría aunque también a la botánica, las matemáticas y la astronomía. Textos que muy probablemente fueron consultados durante el proceso de diseño y construcción del Observatorio.

Mutis muere el 11 de septiembre de 1808, dejando un importante legado y definidas las áreas en las que quedó dividida la Expedición, así como los cargos conferidos a sus discípulos: su sobrino Sinforoso Mutis queda encargado de la sección de flora; Francisco José de Caldas, de la sección de astronomía; Jorge Tadeo Lozano, de la sección de zoología; y Salvador Rizo, de la sección de pintores.

Una buena parte de la información que se obtuvo producto de la Expedición Botánica fue enviada a España, donde actualmente se encuentra y cuya clasificación y posterior publicación solo fue posible una vez restablecidas las relaciones diplomáticas entre el reino de España y la nueva república.

Francisco José de Caldas

Si bien Francisco José de Caldas no participó directamente en el proceso de diseño y construcción, resulta una parte muy importante en la vida del Observatorio asociada sin duda a su figura como primer astrónomo en ocuparse de las tareas propias de este proyecto científico. Tareas encomendadas por Mutis y otras que él mismo se impuso como la de ajustar los instrumentos que allí se encontraban y complementarlos a su vez con los que traía de Quito, comprados directamente a Von Humboldt.

[26] *Diario de la luz y las tinieblas, Francisco Joseph de Caldas.* Título de la novela escrita por Samuel Jaramillo González (2000), en la que se hace una reconstrucción del diario de Caldas, a partir de los hechos históricos y de su obra epistolar.

Caldas es un personaje que encarna las contradicciones propias de su época, entre *la luz y las tinieblas*[26]. Se podría decir un romántico que soñó con ideales lejanos aunque posibles que lo llevaron, finalmente, al fusilamiento, dejando tras de sí una obra interesante en tentativas, frustradas casi todas, en buena medida por la contingencia histórica con la que comenzó el siglo XIX en estas tierras.

7. Óleo de Francisco José de Caldas realizado por Miguel Díaz Vargas. Se encuentra en la Sociedad Colombiana de Ingenieros.

En un principio, la relación de Caldas con la ciencia pareció ser tangencial y se alternaba con los negocios de su familia. Fue solo tras su viaje a Quito, el encuentro con Von Humboldt y el reconocimiento que le hiciera Mutis al incluirlo en el equipo de la

Expedición, casi cuatro años antes de conocerlo personalmente, cuando inició esta relación que se habría de convertir en un destino manifiesto. Así, en 1805 llegó a Santa fe con una recua de mulas, cargado de toda clase de muestras de la flora, fauna y trozos de minerales que pacientemente fue recogiendo (herborizando) y que entrarían a hacer parte de la ya extensa colección que Mutis tenía en la Casa Botánica.

Además de lo anterior, Caldas llegaba en calidad de director del Observatorio y así fue presentado al virrey Amar y Borbón, comenzando sus tareas de inmediato. Antes de hacerlo, se entrevistó con Mutis y muy pronto acordaron que debían enfocarse en la producción de resultados "útiles", es decir capaces de educar y no ser el producto de la contemplación y especulación con los datos y teorías. Dice el propio Caldas al respecto:

> Todos preguntan con frecuencia ¿para qué tantos desvelos, tantos cálculos, tantos instrumentos costosos, tantos edificios consagrados a observar el curso de las estrellas? Estas, con el Sol y los planetas, ¿no hacen sus revoluciones hoy como las hicieron en la creación? Los días, las estaciones, ¿no se verifican independientes de nuestros cálculos? ¿El Sol no nos vivifica y nos alumbra, que le midamos los pasos o que le abandonemos, como lo hacen el caribe y el hotentote? Así se discurre por lo común sobre la Astronomía.
>
> Nosotros no emprendemos hacer una apología de la Ciencia que profesamos. Queremos, sí, rebajar la sublimidad de sus principios y de sus miras; queremos que el común entrevea las relaciones tan grandes como ocultas que tiene la Astronomía con la sociedad y con las necesidades del hombre [...].[27]

Este interés se materializó en el *Semanario de la Nueva Granada*[28], donde se publicaron artículos que discutían temas como el de la influencia del clima en las comunidades humanas que provenía

[27] Tomado de la *Revista de la Academia Colombiana de Ciencias Exactas, Físicas y Naturales*, febrero–julio de 1938, p.184

[28] El primer número del *Semanario de la Nueva Granada* se publicó en 1808 y se publicó por espacio de dos años, incluyendo artículos de interés científico.

[29] Ver descripción hecha por Caldas, en el capítulo 2, p.66.

del *determinismo geográfico* tan propio del XIX, o acerca de las serpientes o bien sobre la geografía, asunto que para Caldas era definitivo. No concebía el gobierno de un estado sin el conocimiento de todas las condiciones físicas presentes en cada región, sus riquezas, posibilidades y los datos demográficos con los cuales poder tomar decisiones certeras. En este sentido, Caldas elaboró la cartografía de varias regiones del país y determinó con ayuda del *hipsómetro* la altura de varios accidentes orográficos importantes.

Entre los documentos más importantes que se conservan de Caldas figuran sus cartas y en particular aquellas que le dirigió al virrey, relacionando el alcance de sus trabajos. Es importante decir que en todo, parece haber una voluntad por construir un ejemplo, una lección, como camino para mejorar las condiciones de vida. Con este particular talante quedó sin duda señalado el destino del Observatorio, como el primer edificio científico en el país, que Caldas recibe, con algunas críticas respecto a su funcionamiento, pero al mismo tiempo con respetuoso afecto.[29]

Fray Domingo de Petrés

El proyecto arquitectónico del Observatorio es asignado por José Celestino Mutis al capuchino fray Domingo, natural de Petrés, provincia valenciana próxima a Sagunto. Aquí mismo es bautizado como José Vicente Pascual Domingo Buix en 1759, siendo su padre el maestro albañil Vicente Buix y su madre Catalina Lacasa.

El ambiente familiar propicia claramente sus dos principales vocaciones: por una parte, el trabajo en la construcción, guiado por su padre y seguramente también por otros maestros albañiles de quienes aprendió el arte de la construcción. Los conocimientos

8. Fray Domingo Pérez de Petrés. Óleo que se encuentra en la sacristía de la Catedral Primada de Bogotá. Se observa en la mano de Petrés el plano de una fachada —presumiblemente la de Zipaquirá— y un texto bajo el retrato, que reza lo siguiente:

Fray Domingo Petrés, natural del lugar de Petrés en el Reyno de Valencia, profesó en calidad de lego en la religión de los B. R.. P. P. Capuchinos, fue destinado al convento de Murcia en cuya célebre Academia se perfeccionó en el arte de la Arquitectura mereciendo la primera estimación de aquellos sabios profesores. En los 39 [?] años que vivió en esta capital se adquirió con razón los títulos de benemérito ciudadano, humilde religioso y sabio arquitecto. Apenas hay templo, puente, edificio público en esta ciudad y sus inmediaciones que no le deba su dirección o total restablecimiento o sus reparos y hermosura. Él aprovechaba los momentos desocupados y aun la mayor parte de la noche en el servicio de la comunidad en la oración, recogimiento y demás exercicios propios de un verdadero hijo de San Francisco. Sus bastos conocimientos en la Arquitectura los demostró bien en los hermosos planes que lebantó y executó en los templos de Santo Domingo, Chiquinquirá y Zipaquirá y otras; pero sobre todo en la magnífica obra de esta santa iglesia metropolitana cuyos planes lebantó y executó, y estando ya para concluirla murió con general sentimiento el 19 de diciembre de 1811 [?].

[30] Tomado de Ramón Gutiérrez, Verónica Perfetti y Rodolfo Vallín. *Fray Domingo Petrés y su obra arquitectónica en Colombia*, Bogotá: El Áncora Editores, 1999, p. 18.

empíricos que adquirió lo capacitaron para construir cimientos, muros de carga, escaleras, bóvedas y cúpulas; así mismo, para hacer trazos geométricos, resolver detalles de carpintería, cortes de cantería y todo aquello que resultara imprescindible para poder llevar a término cualquier tipo de obra.

Su vocación religiosa se explica también en el ambiente de su familia, reconocida porque eran, según el cronista fray José de Alicante, biógrafo de Petrés, "no menos honrados que piadosos y criaban a sus hijos en el santo temor a Dios, dándoles para ello saludables consejos y ejemplos de cristiana virtud"[30].

Así, la carrera sacerdotal de Petrés comienza en el convento de Masamagrel, continúa en Murcia donde concluye su noviciado en 1780 y desde entonces ejerce simultáneamente como sacerdote y constructor.

No existen pruebas definitivas acerca de la formación académica de Petrés, pero se presume que pudo tener alguna vinculación con la Academia de Murcia. En este tiempo, seguramente llegó a conocer a Francisco Salzillo, primer director e importante formador en la disciplina. Lo que parece más probable es que hubiera conocido al arquitecto Juan Solera, con quien compartía origen y vocación: ambos eran hijos de maestros constructores. Solera contaba con una importante biblioteca en la que Petrés pudo haber conocido las copias de los tratados de Vignola y Andrea Pozzo que aquel tenía.

Tras varios años de ejercer el oficio sacerdotal y el de constructor en algunos poblados próximos a Murcia y Valencia, Fray Domingo Petrés emprende un penoso viaje hacia Santa fe, en cumplimiento de la tarea de atender los trabajos pendientes en las misiones de los jesuitas que, habiendo sido expulsados de las colonias por Carlos III, se encontraban inconclusas. Es así como "en Enero de 1792[31] embarcan hacia Cartagena de Indias en una polanca llamada *Concordia*, al mando del capitán Gaspar Ximénez, la cual casi naufraga por las tremendas tormentas que los llevaron nuevamente al apostadero de la isla León. Partieron nuevamente de Cádiz el 13 de Marzo de 1792 y finalmente arribaron a Cartagena de Indias el 25 de Abril. De Cartagena, pasaron por el río Magdalena hacia Bogotá, a donde llegaron finalmente[32] el 1º de Agosto de 1792"[33].

La comitiva se instala en el recientemente terminado Monasterio de los Capuchinos (hoy demolido), ubicado en el barrio de San Victorino, próximo a la iglesia que lleva este nombre. Una vez instalado, Petrés se dispone a trabajar y en muy poco tiempo cuenta en su haber con numerosas tareas a su cargo, no solo en la ciudad, sino fuera de esta: el mausoleo de fray Cristóbal de Torres, la pila en la Plaza de San Victorino, la hoy llamada Catedral Primada, las iglesias de San Francisco, Santo Domingo, La Concepción, San Ignacio, Santa Inés y La Enseñanza; el Hospital San Juan de Dios, la Casa de Moneda, así como el templo de Chiquinquirá, la Catedral de Zipaquirá y, por supuesto, el Observatorio Astronómico.

Todas estas tareas, surgidas principalmente a raíz del terremoto de 1785, variaban en su alcance y dedicación: algunas eran simples consultas; otras, la adecuación, reforma o reconstrucción, y otras, los planos y la construcción de edificios nuevos. Esta labor le mereció un reconocimiento en la ciudad que compartió con otros constructores coetáneos entre los que se destacan fray Dionisio de Valencia, vinculado a la iglesia de La Concepción; fray José de Murcia, maestro carpintero, y el ingeniero militar Carlos Francisco Cabrer, constructor de varios puentes en la ciudad, de la casa de correos en la Plaza Mayor y autor del primer plano de la ciudad, concluido en 1797. Otro ingeniero militar que

[31] Petrés viaja en un contingente de doce sacerdotes y cuatro legos, siendo este uno de los legos, quien contaba por entonces con 33 años de edad.

[32] Esto es 32 años luego del arribo de Mutis a la Nueva Granada.

[33] Tomado de Gutiérrez, Perfetti y Vallín, citado, p. 40.

9. Boceto del interior de la Catedral Primada en la actualidad.

10. Catedral Primada de Bogotá (noviembre del 2005), obra de Petrés que ha sido intervenida posteriormente por el arquitecto Alfredo Rodríguez Orgaz.

11. Pila de la Plaza de San Victorino, obra de Petrés. Fotografía de H.Duperly 1895, publicada en *Historia de Bogotá siglo XX*.

ejercía por entonces era Domingo Esquiaqui, que a la llegada de Petrés se ocupaba de las obras del Teatro Coliseo (demolido), el cementerio La Pepita, el Puente del Común, una propuesta para el Palacio de los Virreyes (el primer palacio virreinal se había destruido en el incendio de 1786) y la elaboración de un segundo plano de la ciudad. Importante también fue el aporte del constructor Bernardo Fernández del Anillo, un destacado matemático, responsable entre otros de la "administración de tabacos de Zipaquirá (1796), la dirección nacional de rentas de Bogotá (1798), el Hospital Militar (1805) y el camino del norte que encomienda en 1807 el virrey Amar".[34]

[34] Tomado de Gutiérrez, Perfetti y Vallín, citado, p. 55.

Obras en las que intervino Fray Domingo Petrés.

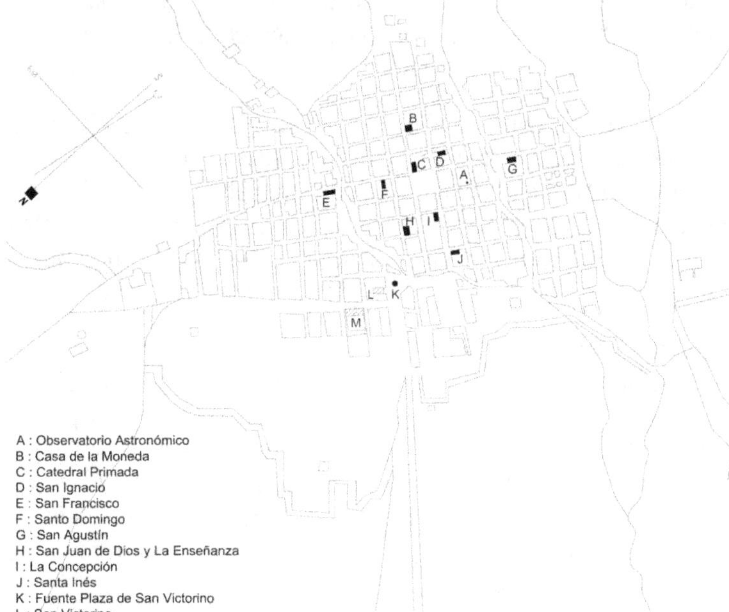

12. Plano de Santa fe de Bogotá, basado en el que elaboró Carlos Francisco Cabrer en 1797, con la ubicación de las obras en las que intervino en alguna medida Fray Domingo Petrés.

A : Observatorio Astronómico
B : Casa de la Moneda
C : Catedral Primada
D : San Ignacio
E : San Francisco
F : Santo Domingo
G : San Agustín
H : San Juan de Dios y La Enseñanza
I : La Concepción
J : Santa Inés
K : Fuente Plaza de San Victorino
L : San Victorino
M : Convento de los Capuchinos

Como ya se ha dicho, Mutis encomienda a Petrés la preparación de los planos y la dirección de obra del Observatorio Astronómico, que inicia en 1802. La autorización es expedida directamente por el virrey Amar y Borbón y de esta manera se evita el trámite de aprobación ante la Academia de San Fernando en Madrid, lo que hubiera generado una gran demora y el riesgo adicional de ser denegado, alegando, tal vez, problemas de estilo, o bien problemas con el tipo. Vale decir que por entonces los observatorios más recientes (Madrid y Cádiz) seguían una tipología horizontal y no vertical como es el caso del edificio construido en Santa fe.

El distanciamiento que tuvo el Observatorio de Santa fe respecto al conducto regular de aprobación en Madrid implica descartar cualquier vínculo directo con la academia y permite explicar este edificio más bien como el producto de los conocimientos que al respecto tuvieran Mutis y Petrés.

Como sostienen Ramón Gutiérrez, Verónica Perfetti y Rodolfo Vallín, un insumo adicional a estos conocimientos, pudo ser el *Tratado general y matemático de reloxería*, de Manuel de Zerella y Ycoaga además de algunos números de *La Gaceta de Madrid*[35]. Estos autores insisten además en demostrar el interés de Petrés por la teoría, lo que se evidencia en los libros que este consultaba.[36]

Las respuestas dadas por Petrés al encargo del observatorio son demostrativas de su habilidad y sentido práctico, que lo hicieron capaz no solo de culminar en casi 15 meses y con un presupuesto ciertamente reducido, sino de reunir los conocimientos técnicos y estilísticos en una construcción cuya forma y función es definitivamente distinta de la que se encuentra en los edificios religiosos en los que invirtió la mayor parte de su carrera como arquitecto y constructor.

[35] Tomado de Gutiérrez, Perfetti y Vallín, citado, p. 119.

[36] Algunos de los libros de Petrés y Mutis se encuentran en la biblioteca del Seminario Mayor de Bogotá.

Ciudad y arquitectura a comienzos del siglo XIX

En 1801, un año antes de la iniciación de las obras del Observatorio, la ciudad de Santa fe contaba con una población de 21 000 habitantes[37], cerca de veinte iglesias, más de treinta fuentes[38] y seis puentes sobre los ríos San Francisco y San Agustín. La división administrativa se hacía en cuatro parroquias: la Catedral, Santa Bárbara, Las Nieves y San Victorino que a su vez se subdividían en barrios. En este año se detectó un brote de viruela que tuvo sus peores consecuencias entre 1802 y 1804. Por otra parte, hay que anotar, la ciudad no se había recuperado completamente luego del terremoto de 1785 y existían todavía algunas construcciones en ruinas, como la catedral primada, que con este sumaba dos derrumbamientos, provocados por terremotos. La demora en atender las obras de reconstrucción se explica en parte por la falta de constructores idóneos como era el caso de los jesuitas que, como ya se dijo, fueron expulsados de tierras americanas a partir de 1767.

En la Plaza Mayor yacían los restos del palacio virreinal que en 1876 fue devastado completamente por un incendio y desde entonces esta sede tuvo que localizarse en la esquina noroccidental de la plaza, ocupando una casa alquilada, que se reformó para cumplir con este propósito.

Inicialmente, la arquitectura colonial en Santa fe de Bogotá se distingue por la simplicidad de su resolución y las reducidas proporciones en las que fue realizada. Comparativamente con la de otras ciudades como Lima o México, es una arquitectura que no se distingue particularmente por contar con un gran tamaño ni por la aplicación profusa de ornamentos. Estas características, se aplicaron a un programa edilicio igualmente reducido, referido a algunas iglesias y casas de patio, ubicadas en un comienzo

[37] Tomado de Carlos Martínez, en *Apostillas y reseñas*, Cuadernos Proa, n.º 4, 1983. Se dice en este mismo texto que el historiador J. M. Restrepo rechaza este dato por creer que el padrón de 1801 no es confiable, y estima que la población debía ascender a los 28 000 habitantes.

Quito contaba por entonces con unos 35 mil habitantes, Popayán con 9 mil, Medellín con 4 mil e Ibagué con mil, solo por hacer una comparación.

[38] La cantidad de fuentes, pilas o chorros es determinada por Moisés de la Rosa en su libro *Calles de Santa fe de Bogotá* (Bogotá: Academia de Historia de Bogotá y Tercer Mundo, 1988).

EL DIA 1º DE NOVIEMBRE DE 1610
SE INICIO LA CONSTRUCCION DE ESTA

IGLESIA DE SAN IGNACIO

SE DIO AL CULTO EN 1635
SE TRABAJO EN ELLA HASTA
EL AÑO DE 1749 EN QUE SE
SUS PENDIERON LAS OBRAS
DEBIDO A LAS PERSECUCIONES
DESATADAS CONTRA LA
COMPAÑIA DE JESUS

EN 1767 LOS JESUITAS FUERON
EXPULSADOS DE LOS DOMINIOS
ESPAÑOLES
POR ESA CAUSA QUEDO SIN CONCLUIR.

13. Placa colocada en la fachada de la iglesia de San Ignacio indicando la razón por la cual este templo quedó "incompleto".

[39] José María Cordovez Moure, *Reminiscencias de Santa fe y Bogotá*, Fundación para la investigación y la cultura FICA. Cali: Gerardo Rivas Moreno (ed.), 1997, p. 816.

[40] La iglesia de San Ignacio es una interesante adaptación de los principios consignados por Giacomo Vignola en su *Tratado de los cinco órdenes de la arquitectura* (1562) y de la iglesia del Gesú, diseñada también por este arquitecto y construida en Roma. Esta tiene el interés adicional de ser un manifiesto de la Contrarreforma, con lo que se inicia una preocupación estética llamada más adelante "barroco".

[41] Arquitecto italiano (Luca, 1569–Santa fe, 1641), llegado a la Nueva Granada en alguno de los contingentes de padres jesuitas. Se va a encargar de obras como las iglesias de Fontibón y San Ignacio.

alrededor de la Plaza Mayor. En estas, priman los muros y volúmenes simples y las fachadas, animadas en algunos casos, con balcones en los segundos y en los eventuales terceros pisos. En *Reminiscencias de Santa fe y Bogotá*, José María Cordovez Moure comenta con un sentido muy crítico el estado de la construcción en la ciudad:

> A juzgar por la generalidad de las construcciones que dejaron los colonizadores españoles hasta la época de la independencia, y los edificios hechos anteriormente, hasta el año 1847, en que vino a Bogotá el arquitecto inglés Thomas Reed, las construcciones carecían de las más triviales nociones en la materia. No parece que tuvieran conocimiento de la plomada y del nivel, o no harían uso de estos instrumentos necesarísimos en el oficio: tampoco daban importancia a las condiciones de solidez y simetría que deben tenerse presentes en la construcción de los edificios, según lo demuestran las casas y templos que existían y aún se conservan como restos de la antigua Santa fe; edificados sobre tapias de tierra pisada en la superficie del suelo, con puertas y ventanas colocadas al acaso y cual si hubieran hecho especial estudio para darles todas las distintas formas y dimensiones de que puede ser la imaginación extraviada por el mal gusto y peor estilo [...]. "Media vara no es desplome" era el aforismo empleado para contestar la observación que se hiciera al "maestro albañil" de que la casa podría irse al suelo por la inclinación de las paredes [...].[39]

En términos de "lenguaje", la influencia del neoclasicismo europeo llega a Santa fe a finales del siglo XVII y esto se verifica en la aplicación de una cierta ornamentación sobre las superficies de fachada. Un ejemplo destacado es la iglesia de San Ignacio[40] (iniciada en 1610) donde se lleva a cabo un ejercicio bastante "manierista", dado que esta se ciñe a la muy particular interpretación que hace el padre Juan Bautista Coluccini[41] —autor de la obra— de la iglesia del Gesú en Roma.

Las propuestas para un definitivo Palacio de los Virreyes, que nunca fue construido, pero del que se conservan algunos dibujos, son también demostraciones de cómo el lenguaje clásico empezaba ya a ser utilizado en los proyectos de finales del XVIII y comienzos del XIX.

La decoración es aplicada fundamentalmente en el interior de algunas iglesias y se destaca el ingenio y la originalidad con que esta se manejó, valiéndose de la notable capacidad artesanal disponible. La iglesia de San Francisco, la de Santa Clara, La Concepción y El Sagrario son ejemplos representativos del "barroco" en Santa fe, referido a algunos elementos como retablos, púlpitos, coros en los que se hace presente el esfuerzo por actualizar y renovar los austeros interiores coloniales.

Si bien se nota a lo largo del XVIII un avance en las artes decorativas aplicadas a la arquitectura, los procedimientos técnicos todavía se basan en la utilización de muros de adobe, ladrillo en algunos casos, mezclados con piedra, y cubiertas en madera, con el sistema de "par y nudillo" que asegura una gran rigidez y la

14. Fachada de la iglesia de San Ignacio, en Bogotá (noviembre del 2005).

15. Una de las representaciones más claras del tipo y lenguaje en la arquitectura de finales del siglo XVIII es la que aparece en los dibujos de las fachadas sur y occidente de la Plaza Mayor y realizados por Ramón Torres Méndez y grabados en madera por E. Barreto. Son publicados en Papel Periódico Ilustrado (1881–1887) y reproducidos posteriormente por Carlos Martínez en Santa fe, capital del Nuevo Reino de Granada.

posibilidad de salvar luces de considerable amplitud, sin someter los muros a empujes laterales excesivos. Como un recurso excepcional se utilizaron las bóvedas de cañón y las cúpulas, como se verifica en iglesias como El Sagrario, La Tercera y San Ignacio. Petrés, conocedor de estas técnicas, decide aplicarlas en el Observatorio, como se explica en el capítulo 4.

Los observatorios

Los observatorios, como edificios especializados, son un tipo constructivo que surge de la necesidad de cumplir con una función determinada. Los molinos, las fortalezas, los faros, los hornos, las atalayas y los trapiches, entre otros, son casos en los que esta condición se puede verificar, siendo en definitiva la función la que determina la forma y el significado del edificio. Esto, sin embargo, se puede decir de cualquier construcción, lo cierto es que en estos casos tan particulares, prevalecen los rasgos originales.

El edificio puede evidentemente cambiar de función como sucedió en los observatorios de Radcliffe, convertido en lugar para investigaciones médicas, y en el de Bogotá, que, como ya se sabe, ha cumplido diversas funciones, además de aquellas destinadas a la observación y registro del movimiento de los astros. Pese a

16. Viñeta de S. Leclerc publicada por Jean Picard en Voyage d´Uranibourg (1680). En Antoine Picon. *Claude Perrault, 1613-1688 ou la curiosité d´un classique*. París, Picard Editeurs.

En esta viñeta se observa el Observatorio de París (proyecto de C. Perrault) en medio de dos edificios daneses: el Uraniburgo de Ticho Brahe y la Torre Redonda de Copenhague. Lo interesante de la viñeta es que anuncia las dos tendencias fundamentales en la construcción de los observatorios: la horizontal, casi diríase subterránea, y la torre de figura vertical.

lo anterior, el carácter se sigue manteniendo y prueba de esto es que sigan siendo reconocidos por su denominación inicial.

La cuestión en este momento es tratar de indagar acerca de las características generales de los observatorios modernos[42] como edificios especializados y también la manera en que estos pudieron ejercer alguna influencia sobre el construido en Santa fe. Esto significa describir las posibles líneas de evolución del tipo y cómo esto pudo llevar a los observatorios de París y primero de Greenwich, en los que, según afirma el astrónomo Jorge Arias de Greiff en su estudio *Historia de la astronomía en Colombia*, parecen estar las pistas a una posible explicación sobre el origen formal del construido por Petrés. Este supuesto provisional obliga, por tanto, a hacer una indagación sobre la evolución que han tenido los observatorios antes del setecientos y cómo estos han coincidido en una serie de soluciones típicas:

Los observatorios astronómicos desarrollados en Francia, Inglaterra, Alemania y posteriormente en España parecen contar con un modelo en común, originado en el entorno del mundo Mediterráneo: se trata de la Torre de los Vientos, 17-18, ubicada en el ágora romana de Atenas. Este pequeño edificio, en forma octogonal, de 3,2 metros de lado y diámetro base de 8,4 metros, construido en el año 47 a. de C., cumple, simultáneamente, las funciones de reloj solar, reloj de agua, veleta y brújula. Su constructor el ingeniero y arquitecto Andrónico de Macedonia probablemente debió formarse en el ambiente intelectual y científico de Alejandría, donde se construyó en el 280 a. de C. el Faro de Alejandría[43]. En este importante centro científico se alcanzó un notable desarrollo en materia de construcción de los relojes de agua (clepsidras[44]) así como relojes de sol. Estas razones pueden ser suficientes para explicar que dichos dispositivos, especializados en la medición del tiempo, se encuentren instalados en la torre construida en Atenas.

[42] Por moderno en este caso se entiende lo sucedido en los siglos XVIII y XIX, así como antiguo es lo correspondiente a Grecia y Roma.

[43] Faro de Alejandría: situado en la isla de Pharos, Alejandría cerca del año 280 a. de C. Medía aproximadamente 117 m de alto, y fue destruido en el siglo XIV. Se utilizó para guiar a los navegantes próximos a remontar el Nilo.

El faro está compuesto por tres partes: sobre una base redonda se alzaba un cuadrado de 55,9 m de altura, luego un octágono con 18,30 m de lado y 27,45 m de altura; y el remate era un cilindro de 7,30 m de alto. En el remate estaba la estatua de Poseidón.

[44] Ver Glosario.

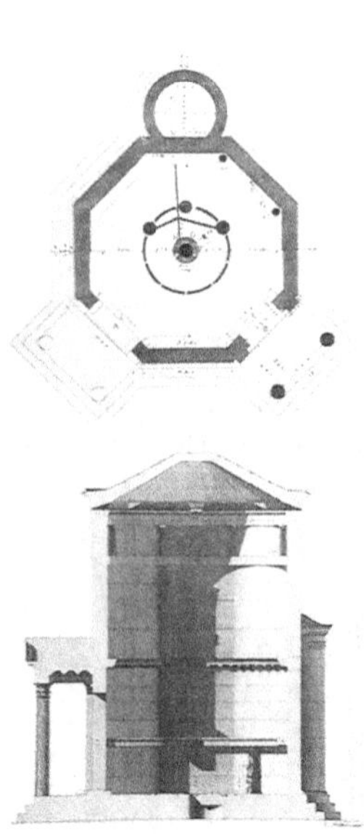

17

18

19

20

17. Planta y corte de la Torre de los Vientos, según Stuart y Revert publicado en *Antiquies of Athens* (1762).

18. Torre de los Vientos (junio de 2005), ubicada en la llamada ágora romana de Atenas. Importante edificio científico que cumplía la misión de ser indicador de la dirección del viento, reloj solar y reloj de agua (klepsidra).

19. Observatorio de Greenwich, según proyecto de Christopher Wren. Dibujo basado en Harold Spencer Jones, The Royal Observatory, Greenwich, Londres: The British Council, 1948.

20. Observatorio de Radclife (Oxford). Dibujo basado en fotografía publicada de Sir Banister Fletcher. *Sir Banister Fletcher's a History of Architecture*, Londres: Dan Cruickshank (ed.) 2000, p. 1057.

La influencia de esta singular construcción se verifica siglos más adelante en la obra del primer observatorio de Greenwich, 19, (inaugurado en 1675), diseñado por Christopher Wren a partir de una planta octogonal. Desde esta construcción se establecieron importantes mediciones que permitieron una mayor seguridad para los navegantes ingleses en sus viajes de exploración y conquista. También en Inglaterra existe otro ejemplo: se trata del Observatorio de Radcliffe (Oxford), 20, concluido en 1794 bajo el diseño inicial de Henry Keene y continuado más adelante por James Wyatt. En este edificio, el remate es un cuerpo octogonal con grandes ventanas para realizar las observaciones. El arquitecto encargado de hacer el primer proyecto para este observatorio[45], Henry Keene, conoció las ilustraciones y la información contenida en el libro *Antiquities of Athens*, publicado en 1762 por Stuart y Revert. Estos dos arqueólogos, entre muchos estudios de ruinas de la antiguedad, realizaron el levantamiento y dibujo de la Torre de los Vientos.

El observatorio de Radcliffe sirvió, a su vez, como modelo para el Observatorio Astronómico de la isla León, 21, realizado por Gaspar de Molina y Zaldivar entre 1793 y 1797[46], época en la cual también se estaba construyendo por encargo del rey Carlos III el Observatorio de Madrid, 22, con planos de Juan de Villanueva. Es conocido que a finales del siglo XVIII muchos de los cadetes de la Real Armada Española se formaban en Inglaterra en lo que se refiere a las artes de la navegación y la astronomía, lo que puede significar también que consideraban válidos los modelos arquitectónicos de los observatorios ingleses (Greenwich y Radcliffe) y por esta razón era legítimo adoptarlos en las nuevas construcciones.

Tanto Villanueva como Gaspar de Molina fueron miembros de la Academia de San Fernando y coincidieron en la forma de plantear sus edificios basados en el uso de plantas cruciformes. En

[45] Henry Keene realizó el primer proyecto, en calidad de arquitecto encargado de las obras en la Universidad. Tras su muerte, el proyecto fue retomado por James Wyatt (1746–1813)

[46] Es importante anotar que por esta fecha tanto Petrés como Mutis ya se encontraban en Santa fe y podría pensarse que recibieron alguna información sobre estas construcciones. En parte porque una de estas se localizó en Cádiz, ciudad natal de Mutis, o bien porque Mutis conoció a Gaspar de Molina antes de su viaje a América.

21

22

23

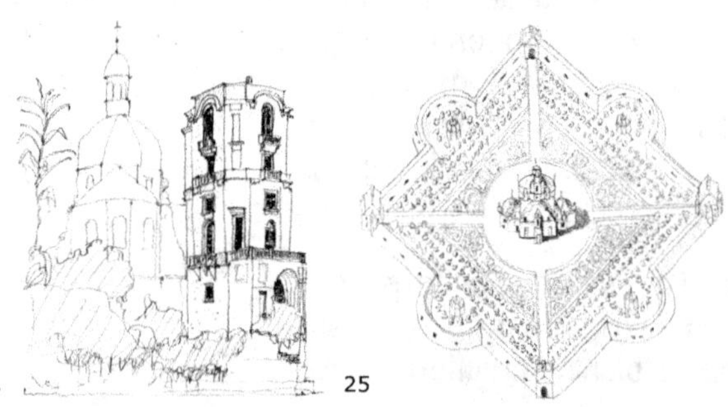

24   25

21. Real Observatorio de la Armada antigua isla León (Cádiz). Dibujo basado en fotografía reciente.
22. Real Observatorio Astronómico de Madrid. En Pedro Moleón Gavilanes, *Juan de Villanueva*, Madrid: Akal, 1998, p. 217.
23. Observatorio de París, C. Perrault. En Picon, *Claude Perrault, 1613–1688 ou la curiosité d´un classique*, citado.
24. Observatorio de Manheim (Alemania). Dibujo basado en fotografía reciente.
25. Stellaburgi (ciudad de las estrellas). Basado en dibujo de época.

el centro de la composición se ubica el volumen de la *camara stellata*. Se sabe que Villanueva era un personaje muy influyente en los círculos de la Academia, y al ser el encargado de las obras del rey, es muy posible que sus edificios marcaran la pauta para las construcciones en las provincias de España y por esta vía, probablemente también en las colonias americanas.

Otra línea de evolución tipológica que parte de la Torre de los Vientos es la francesa y en particular la que corresponde al arquitecto Claude Perrault[47]. En este, los vínculos con la torre ateniense se pueden comprobar en dos hechos concretos: por una parte, Perrault es traductor del tratado de Vitruvio, y en este escrito se menciona la Torre de los Vientos de Atenas como un ejemplo de edificio que sirve para fines científicos[48]. Por otra parte y además de lo anterior, es preciso recordar que Perrault es el autor del Observatorio de París, 23, construido entre 1667 y 1672. El empleo de las alturas interiores y el uso de torres octogonales, el remate de estas en terraza y la inclusión de un *gnomon* solar hacen pensar no solo en su posible vinculación con la Torre de los Vientos.

El Observatorio de Manheim, 24, aparece mencionado en algunos de los textos recientes acerca del Observatorio Astronómico de Bogotá y esto se debe a la asombrosa similitud que guardan ambos edificios: constan de una torre octogonal, y en uno de los lados se ubica la torre de la escalera, que supera en altura el cuerpo principal. Desafortunadamente no existe mucha información disponible a propósito de este edificio, pero con los escasos datos se puede deducir su configuración.

Finalmente, no sobra lanzar otra hipótesis aún menos probada. Se trata del *Uraniaburgo*, construido entre 1546 y 1601 en la isla de Hven, entre las actuales Dinamarca y Suecia. El conjunto es llamado la ciudad de Urania, en homenaje a la diosa de las

[47] Claude Perrault (1613–1688), médico y arquitecto de la corte de Luis XIV, es el autor de la famosa fachada del Louvre y, entre otras obras, del Observatorio de París, y primer traductor de los 10 libros de arquitectura de Vitruvio.

[48] Marco Vitruvio Polión. *Los diez libros de arquitectura*, Madrid: Alianza, 1997, p. 82. Si bien Vitruvio incluye este edificio como un ejemplo significativo, lo hace para hablar de los vientos y cómo esta construcción se encarga de registrarlos con toda precisión.

estrellas, y se trata de un conjunto de construcciones dedicado a la astronomía, la astrología y la alquimia, ciencias que podían ser tratadas simultáneamente, en tanto que se consideraban complementarias. Se podría decir que el *Uraniaburgo* era un centro de investigaciones cuyo edificio se encontraba rodeado por un jardín con hierbas y flores medicinales, sembradas geométricamente.

Fue en este lugar donde el famoso astrónomo y astrólogo Tycho Brahe trabajó y pudo realizar importantes observaciones que revolucionaron los conceptos vigentes hasta entonces. Inicialmente, el científico danés trabajó en el *Uraniaburgo* y después, con el fin de mejorar sus observaciones, construyó un nuevo edificio, esta vez, excavando en la tierra, con el fin de asegurar la máxima precisión posible. Este edificio se llamó es Stellaburgi, [25].

La importancia de estas construcciones radica en que constituyen modelos que pudieron de alguna manera ser conocidos por Petrés, Mutis o bien por Von Humboldt y Bonpland. Si estos últimos tuvieron nociones acerca de algunas de estas obras, así como de los últimos adelantos en astronomía, bien se podría suponer que se lo dijeron a Mutis en la visita que le hicieron en Santa fe en 1801. Visita que sucedió justamente un año antes de iniciar la obra del Observatorio, para lo cual Mutis estaba plenamente preparado y decidido.

Las afirmaciones acerca de la evolución formal de los observatorios y así mismo la posible influencia que estos pudieran tener en el de Bogotá, es todavía un terreno por explorar. Lo que se tiene hasta el momento son algunas hipótesis y asociaciones, basadas en la observación, que permiten acercarse a una explicación plausible. A todo esto hay que sumar que el recio carácter de Mutis, dado a desoír consejos, podría ser motivo para pensar que estas posibles influencias nunca surtieron su efecto. Lo cierto es que la obstinación por adelantar la obra, en los últimos años de su vida, su innegable conocimiento de la astronomía, sumado al ingenio constructivo de Petrés, quien contaba con alguna información básica sobre este tipo de edificios, parecen haber sido los únicos insumos disponibles para producir este edificio tan singular.

Comentario

En este capítulo se ha intentado dar una respuesta al porqué del edificio, a través de los personajes que lo hicieron posible, de las condiciones generales en las que se encontraba la ciudad, de la arquitectura a comienzos del siglo XIX y del problema de los observatorios como tipo constructivo de gran especialidad. Estas pueden ser, en alguna medida, las razones que explican el que se hubiera adelantado el proyecto de construir un observatorio astronómico en la Nueva Granada. Y más exactamente, que este se hubiera construido en una ciudad definitivamente distante de las operaciones marítimas para las que estos edificios se destinaban comunmente.

Las razones parecen estar asociadas a la historia y las circunstancias de los personajes, y de estos, sin duda Mutis parece ser el más destacado. Obrando de manera casi autónoma, logró concluir el edificio con la ayuda de Petrés en una comunidad de ideas que resultó muy efectiva. Si bien es un caso ciertamente excepcional, no se trata de un fenómeno aislado, ya que pertenece al gran proyecto científico de la Expedición Botánica, proyecto que encaja dentro de lo que Renán Silva define como el fenómeno de "la crítica ilustrada de la realidad"[49], entendiendo por ella "ese proceso de distancia que frente a sus logros y posibilidades se planteó un sector de las elites, esencialmente aquel de los hombres de letras, de los hombres de cultura, quienes emprendieron, con

[49] "La crítica ilustrada de la realidad", afirma R. Silva, hace parte de una convención historiográfica aplicada a los países andinos (Venezuela, Colombia, Ecuador, Perú, Chile y Argentina) y derivada de una noción similar establecida en Europa para explicar la Ilustración. Citado p.18

resultados diversos, el primer esfuerzo sistemático por producir una imagen de su sociedad alejada de los fabularios y bestiarios que desde la Conquista habían sido dominantes".

Finalmente, vale decir, que independientemente de sus circustancias, lo que Mutis y Petrés produjeron es un edificio arquetípico que puede asociarse con obras de otras culturas posteriores y anteriores. Ejemplos de esto pueden ser: el Observatorio para la Ciudad universitaria planteado por Leopoldo Rother, que coincide en su organización a partir de una torre, solo que éste, evidentemente mas moderno, incluye un cuerpo semicircular bajo vinculado al primero por lo que parece ser una pasarela cubierta. Lo cierto, es que este proyecto nunca se construyó y a cambio se adelantó un diseño a cargo de Rafael Lelarge al que luego la firma Cuellar Serrano Gómez, hizo una adición.

Por este camino de asociaciones, es posible encontrar ejemplos que también dependen de los astros o hacen de su movimiento homenajes particulares: la maloca que además de ser el hogar comunitario y representar un universo propio, actúa como un gran reloj y calendario solar. Lo mismo, aunque con otro sentido, se podría decir del Panteón en Roma a través de cuyo óculo, se hace presente el Sol y la Luna.

La coincidencia, sin duda, hace pensar en una vinculación atávica entre la arquitectura y el cosmos, no solo a nivel de una función científica, sino también y muy especialmente, simbólica y religiosa.

2. Documentación

26. Moneda conmemorativa del Observatorio Astronómico, Francisco José de Caldas y José Celestino Mutis. Publicado en la contracarátula del *El Observatorio Astronómico de Bogotá*, monografía histórica 1803- 1953, Alfredo D. Bateman. Ed. Universidad Nacional de Colombia, 1954.

Evidencias e indicios

La documentación, segundo capítulo en esta monografía, se concentra en una de las actividades básicas de la investigación: la búsqueda, valoración e interpretación de la información, con el único fin de lograr una reconstrucción de la información asociada al Observatorio, a lo largo de su existencia. En el caso de la investigación histórica de la arquitectura, la documentación tiene la particularidad de estar referida principalmente a los edificios y a la ciudad, que son por esta razón asumidos como el texto, la evidencia principal, pero claramente no la única: se deben considerar también las variables de orden social, económico, estético y otros, que complementan y explican lo que no resulta evidente mediante el ejercicio de la observación directa.

En este caso, no obstante, el énfasis recae declaradamente en lo construido, es decir en el entorno urbano y en el edificio como los hechos reconocibles a los cuales se dirige la atención. Con esta idea, se ha establecido un orden de criterio en lo que a la información se refiere. Dicho orden se basa en la distinción de las evidencias y los indicios que se asocian de manera directa al objeto del estudio, o bien aquellos que resultan indirectos. Así, lo expuesto en el primer capítulo, donde se habla de los autores y de la arquitectura en Santa fe a finales del siglo XVIII, hace parte de los indicios que informan de algunas circunstancias que rodearon la construcción del Observatorio, y por tanto resultan indirectos.

La evidencia principal es por tanto el edificio como tal: en este, se encuentran presentes los datos más significativos en las cambiantes y relativas relaciones tanto urbanas como arquitectónicas. Relaciones que se verifican, por ejemplo, en los planos de la ciudad, las fotografías, los planos arquitectónicos y las ilustraciones, en los que se puede constatar cuáles han sido las transformaciones sucedidas. Esta información gráfica cuenta, así mismo, la manera como ha sido visto, entendido y representado el edificio y su entorno.

En una segunda instancia, están los datos escritos y orales. Todos estos resultan complementarios, asegurando la comprobación de algunas preguntas hechas en procura por establecer explicaciones cada vez más completas y plausibles.

Así, la tarea de buscar información se convierte en un proceso permanente que debe apoyarse en la mayor cantidad de fuentes primarias disponibles. Solo de esta manera se evita el sesgo con el que necesariamente se tratan las interpretaciones, que pueden llegar a distorsionar la lectura directa de los hechos.

Evidencia principal: el levantamiento

El levantamiento del Observatorio se asumió, según lo expuesto, como la tarea a partir de la cual se llegó a obtener la mayor cantidad y calidad de información directa. Esta tarea, pese al entusiasmo y el esfuerzo inicial, resultó ser prácticamente imposible, como queda demostrado en los anteriores intentos por lograr un juego completo de planos. Si bien el edificio está compuesto por figuras geométricas regulares y su empate es —aparentemente— estricto, en lo que a sus ejes se refiere, las irregularidades en la construcción de los muros y las pequeñas pero evidentes desviaciones de las aristas conducen a la necesaria "idealización" geométrica tanto de las plantas como de los alzados, procurando en todo momento ajustarse al máximo con los datos tomados *in situ*. Datos, valga la aclaración, que estuvieron basados siempre en la determinación de unos ejes y unos niveles fijos de partida.

El levantamiento y dibujo del edificio ha sido una tarea larga y dispendiosa, que partió inicialmente de la reconstrucción de los croquis encontrados en la oficina de la Dirección de Patrimonio del Ministerio de Cultura, y luego de repetidas visitas, durante los meses de junio y julio de 2005, logró completarse en todos sus detalles. Queda sin embargo pendiente verificar las medidas externas de la fachada, para lo cual se requieren andamios y escaleras de gran altura, lo que supone una logística que supera el alcance del presente estudio.

La primera conclusión, en este nuevo intento por lograr un levantamiento confiable, fue reconocer, como ya se dijo, que se estaba ante un edificio en el que la suma de imprecisiones constructivas afectan la configuración geométrica. La explicación para esto se encuentra, seguramente, en la precariedad de los medios de que se sirvieron en el proceso constructivo y en la sucesión de intervenciones ocurridas en doscientos años de existencia.

Una señal inequívoca de lo anterior se puede ejemplificar con las mediciones tomadas en la segunda planta (*camara stellata*):

Como se ve en el croquis de la planta, 27, el segmento A, que cuza el octógono, mide (internamente) 8,715 m; el B, 8,705 m; el C, 8,78 m; y el D, 8,695 m. Esto, tratándose de las medidas que definen la forma octogonal, supone variaciones en los ángulos correspondientes. Ahora, si se toman las longitudes de los segmentos (internos) del octógono, las diferencias persisten: los segmentos medidos —en el sentido del reloj— desde la escalera son de: 3,38; 3,29; 3,275; 3,435; 3,365; 3,245; 3,32 y 3,415 m. Diferencias en cada uno, que hacen irreconciliables los ángulos de un octágono regular.

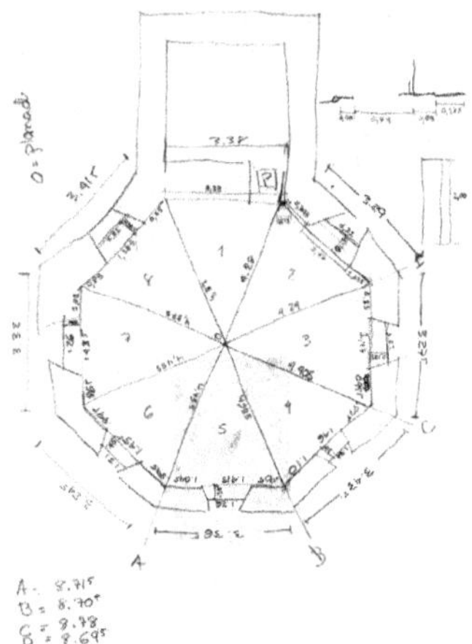

27. Croquis del levantamiento de la planta del segundo piso, realizado por Cristina Albornoz, profesora primer año. En él se indica el proceso de mediciones parciales de las caras internas y su verificación con las diagonales.

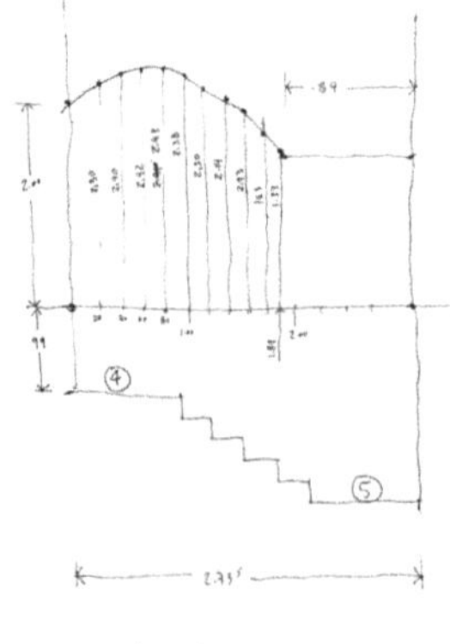

28

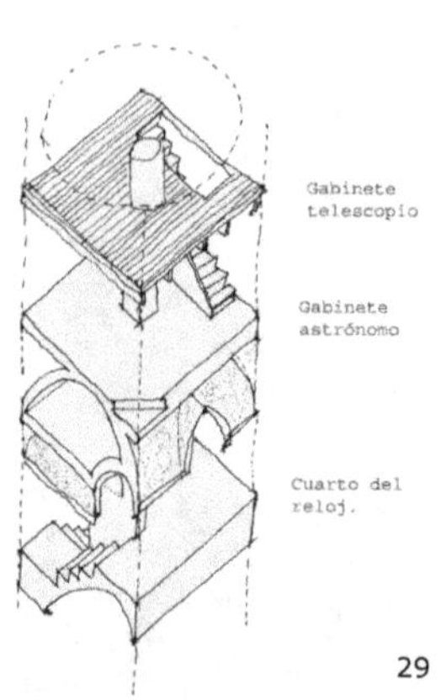

29

28. Sistema aproximado utilizado
para medir y transcribir el
dibujo de las bóvedas catalanas
que conforman el sistema de
escaleras.

29. Los tres últimos recintos de
la Torre

[50] Los observatorios construidos en la actualidad, en que los telescopios son tan potentes, cuentan con una columna única, independizada por completo del edificio, lo que asegura que su estabilidad no se vea comprometida con los movimientos eventuales causados por el uso dentro del edificio.

La caja de la escalera, por poner otro ejemplo, también presenta ciertas diferencias en la planta y, en contra de lo que se cree, para una escalera de cuatro tramos con un ojo central, la del Observatorio no está inscrita en un cuadrado perfecto: las medidas entre muros paralelos son (aproximadamente) 2,735 x 2,85 m. Esto se traduce en una diferencia, que mantiene su proporción en el ojo, lo que genera dos tipos de tramo ligeramente diferentes y permite suponer que para la construcción de las bóvedas fueron utilizadas dos cimbras o formaletas, que se trasladaban a medida que la escalera iba siendo construida. El dibujo de estas bóvedas se dedujo a partir de la unión de medidas verticales tomadas cada 20 centímetros a lo largo de una línea horizontal nivelada debidamente, 28.

Tal vez uno de los puntos más difíciles de resolver, ha sido el remate de la torre de escaleras en los tres últimos recintos, 29. Estos son, en conjunto, de una gran complejidad espacial, pero de una lógica directa una vez se comprenden. Se trata de —en orden ascendente—: primero, el gabinete del reloj, que coincide con el nivel de la azotea y al mismo tiempo con el final de la escalera; segundo, el gabinete del astrónomo, al que se llega por una escalera angosta confinada entre el muro que intercepta el octágono con la caja de la escalera; tercero, una vez en el nivel donde está este segundo gabinete, se sigue por una pequeña escalera de madera que conduce al entrepiso de madera, donde se ubica el telescopio. Éste se encuentra apoyado sobre un cilindro macizo de casi un metro de diámetro que transfiere su peso a una columna ubicada en el piso inferior (gabinete del astrónomo) y que coincide exactamente con la clave de la bóveda que se encuentra cubriendo, a su vez, el gabinete del reloj[50]. La coincidencia entre los esfuerzos y el centro geométrico de los tres espacios se explica seguramente por la necesidad de asegurarle una absoluta estabilidad al telescopio. Haber hecho esta simple deducción permitió tener un punto de referencia fijo en la toma de todas las mediciones. Sin embargo, se pudo comprobar después que este centro no coincide exactamente con el centro del ojo de la escalera, como parecía inicialmente.

En el levantamiento y posterior dibujo se pudo apreciar de manera muy clara el camino que tuvieron los razonamientos geométricos y constructivos durante el diseño y la construcción respectivamente, así como las posibles dificultades con las que se encontró el arquitecto. Fue posible así mismo entender el ingenio de fray Domingo de Petrés al resolver con elegancia el complejo sistema de cúpulas y bóvedas utilizadas tanto para conformar y caracterizar los espacios como para resolver el problema del apoyo de los entrepisos. Estas virtudes constructivas, utilizadas con tan solo tres materiales (piedra, racilla y madera), son con toda seguridad lo que ha permitido mantener sólidamente en pie este edificio durante todo este tiempo.

Evidencias gráficas

Las *evidencias gráficas* son el acopio de dibujos, planos, ilustraciones, pinturas, fotografías, aerofotografías, películas, videos y maquetas que dan cuenta parcial o total del edificio y de todas las vicisitudes que han sido significativas a lo largo de su existencia.

Estas evidencias no son, en el caso del Observatorio Astronómico, muy abundantes, pero sí suficientemente claras para poder tener una noción completa de los cambios sucedidos tanto en el edificio como en el entorno urbano inmediato. Así, en la tarea de examinar esta información se pudo evidenciar cómo el Observatorio ha pasado de ser una construcción que ocupaba estrechamente su lugar en el jardín de la Casa Botánica, a ser hoy una construcción aislada en medio de los jardines de la Casa de Nariño[51].

[51] La transformación del sector que rodea el Observatorio será explicada en el capítulo 4 (Análisis).

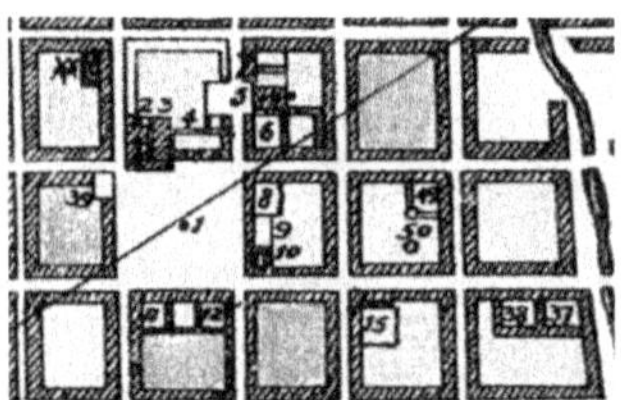

30

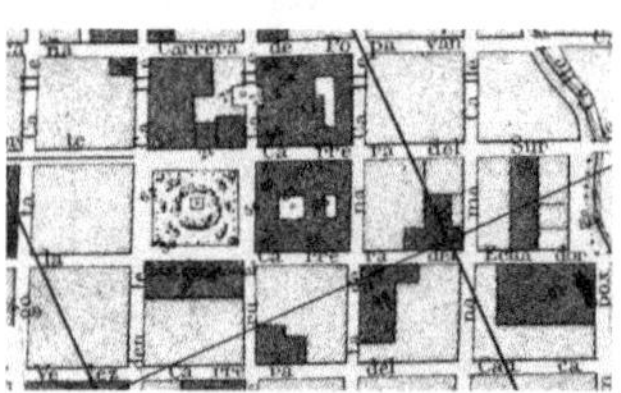

31

32

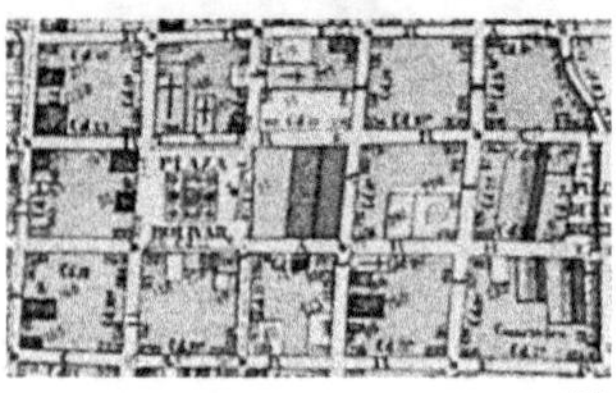

33

[52] Tomado del registro 1242, hoja 1, del Centro de Documentación del Ministerio de Cultura, noviembre del 2004.

[53] Este plano se encuentra en el Museo de Bogotá.

Planos

En cuanto a la localización urbana, no son muchos los planos de Bogotá realizados a finales del siglo XVIII y durante el siglo XIX. Sin embargo, se puede reconocer en los siguientes, una presencia, así sea muy esquemática, del Observatorio:

- *Plano geométrico de Santa fe*, **30**, fechado en 1791, trazado originalmente por el ingeniero Domingo Esquiaqui y copiado en 1938, según se indica en el mismo plano, por Carlos Cardoso. Aparece aquí el Observatorio, distinguido con el número 50 (al final de la lista), siendo la Casa Botánica la número 49. Ante este plano, el historiador Carlos Martínez Jiménez comenta: "Hay que anotar que el Observatorio de Santa fe se construyó después de la fecha que lleva el plano de Esquiaqui, y si allí figura, se debe seguramente a la iniciativa de quien ejecutó la copia".[52]

- En el *Plano topográfico de Bogotá y parte de sus alrededores*, **31**, levantado en 1852 por el coronel de ingenieros Agustín Codazzi[53] y algunos estudiantes del Colegio Militar, se reconoce claramente el edificio con el número 43 y la Casa Botánica. En una publicación que se hace de este plano en 1890, en París, se incluyen las modificaciones a cargo de M. M. Paz, quien ubica, además, las coordenadas geográficas originadas justamente en el Observatorio. Es el primer plano en que se aplica esta trascendental decisión.

- En el llamado *Plano topográfico de la ciudad de Bogotá*, de 1848, **32**, se incluye el Observatorio (con el número 18). En este plano aparecen los nombres de M. Bracho y J. Martínez, como autores del grabado. La latitud aparece tomada por Martínez Hnos., pero se desconoce en qué punto de la ciudad fue tomada.

- En el *Plano topográfico de Bogotá* levantado por Carlos Clavijo en 1891 y reformado en 1894, **33**, se incluyen las salidas y llegadas del servicio postal y las zonas respectivas. Aparece en este plano un punto que representa el Observatorio Astronómico.

- En la reconstrucción histórica que hace Moisés de la Rosa, **34**, acerca de los nombres de las calles de Santa fe de Bogotá, trabajo publicado inicialmente en 1938, con el título *"Calles de Santa fe de Bogotá"*, aparece el plano del barrio del Palacio, en el cual se localiza, con el número 7, el Observatorio. Se hace también una descripción de las calles Santa Clara y del Chocho (actuales 8.ª con 8.ª) con lujo de detalles. En el plano aparece claramente dibujada la manzana con sus vecinos inmediatos así como una silueta de la Casa Botánica que en esta representación aparece con un solo patio y un amplio solar, ocupando todo el tramo de la calle 8.ª desde la carrera 7.ª hasta la 8.ª.

- Con el siglo XX inicia también el crecimiento de la ciudad de manera acelerada. La escala y el encuadre acostumbrado se modifican sustancialmente, lo que impide fijar la atención en detalles tan reducidos como un edificio. Por esta razón, en la cartografía reciente, la única noción que queda del Observatorio es el cruce de las coordenadas de origen este y norte (punto millón, millón [1000 000N, 1000 000E]).

En cuanto a los planos arquitectónicos, se ha sabido que un primer intento por lograr unos planos del Observatorio se le debe a la dibujante Mercedes Caro, quien produce unos dibujos bastante precisos que van a servir de base para los levantamientos posteriores. Estos dibujos (publicados en 1938[54] por Jorge Álvarez Lleras) tienen la particularidad de presentar independientemente los dos cuerpos del edificio a través de secciones (no hay fachadas), **35**.

34

30. Plano basado en el de Domingo Esquiaqui. Tomado de *Santafé Capital del Nuevo Reino de Granada*.

31. Detalle del *Plano topográfico de Bogotá y parte de sus alrededores*. Realizado por Agustín Codazzi 1852. Tomado de *Historia de Bogotá, tomo II, siglo XIX*.

32. Detalle del *Plano topográfico de la ciudad de Bogotá*. Grabado realizado por Bracho y Martínez 1848. Tomado de *Historia de Bogotá, tomo II, siglo XIX*.

33. Detalle del *Plano topográfico de Bogotá*. Levantado por Carlos Clavijo en 1891 y reformado en 1894. Tomado de *Historia de Bogotá, tomo II, siglo XIX*.

34. Detalle del plano del barrio el Palacio. Tomado de *Calles de Santa fe de Bogotá* por Moisés de la Rosa.

[54] En la *Revista de la Academia Colombiana de Ciencias Exactas, Físicas y Naturales, correspondiente a la española*, Bogotá 1938 se hace la publicación de estos dibujos, que son una curiosa combinación entre el dibujo científico y el académico, explicada, seguramente, por la formación de la autora.

35. Dibujos de Mercedes Caro, publicado en la
Revista de la *Academia Colombiana de Ciencias
Exactas, Físicas y Naturales*, p. 293. Estos
planos han sido redibujados e incluidos en algunas publicaciones posteriores a su aparición
en 1938.

36. Levantamiento de Germán Cepeda G., publicado por Alberto Corradine en *Historia de la
Arquitectura Colombiana*, volúmen Colonia
1538- 1550.

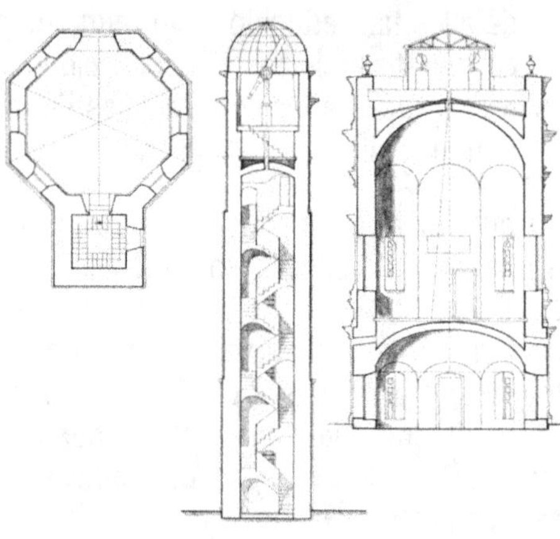

35

36

La planta y sección de torre de la escalera se presentan separadamente en este dibujo. Esta forma de presentarlo es consecuente con la intención de distinguir claramente la importancia jerárquica concedida a la función que cada cuerpo debe cumplir. Es interesante anotar que en este dibujo aparecen nombrados los espacios y algunos de los componentes del edificio, indicados con absoluta precisión por Álvarez Lleras, quien seguramente debió dirigir esta tarea de dibujo tan minuciosamente adelantada en calidad de director de la Academia de Ciencias y responsable además de este número de la Revista.

Es significativo, también, el levantamiento realizado por Germán Cepeda, bajo la dirección de Hans Rother, 36, seguramente como parte de las tareas de inventario de los inmuebles pertenecientes a la Universidad Nacional de Colombia[55]. Este trabajo aparece publicado por Alberto Corradaine en *Historia de la arquitectura en Colombia. Parte I, Colonia*. Se trata sin duda de un trabajo riguroso, pero desafortunadamente no cuenta con secciones y el trazado de la cúpula metálica no coincide con la existente.

Fotografías

En cuanto a las fotografías aéreas, es preciso anotar que estas se han venido tomando en Colombia desde comienzos del siglo XX. En 1938 se realiza un vuelo sobre la ciudad en dirección norte-sur y se logran imágenes del centro que pese a la escala son bastante nítidas. A partir de este año se realizan nuevos vuelos, esta vez más próximos, y se pueden verificar algunas de las transformaciones que ha sufrido el centro de la ciudad a partir de obras tan significativas como la construcción de la nueva Plaza de Bolívar[56], el Palacio de Nariño, así como los estragos del 9 de abril, registrados casi inmediatamente[57] (ver capítulo 4).

[55] En la actualidad, el Observatorio es administrado por la Universidad Nacional de Colombia y su director hace parte de la nómina de profesores de Física de dicha institución.

[56] El proyecto de la Nueva Plaza de Bolívar se realizó en 1960 con planos del arquitecto Fernando Martínez Sanabria.

[57] Infortunadamente, el sobre con las imágenes tomadas el 11 de abril se encuentra "extraviado" del Instituto Geográfico Agustín Codazzi. El más próximo es el del 15 de mayo de 1948.

37

37. Fotografía aérea Tomada por Scadta, de la Plaza de Bolívar, en sentido norte-sur. Tomada antes del 9 de abril de 1948, según A. Corradine en *Apuntes sobre Bogotá, Historias y Arquitectura,* 2002. p. 120.

38. Fotografía (ampliación) en la que se aprecia el Observatorio y su vecindad con el Teatro Municipal antes de su demolición. Tomada de *Bogotá en Imágenes y Palabras,* A. Saldarriaga et Al. 1998.

39. Fotografía aérea de mayo 15 de 1948. Se aprecian la Plaza de Bolívar con sus fuentes, las ruinas del Palacio San Carlos después del 9 de abril y la Avenida Núñez que vincula el Capitolio con el Palacio de la Carrera.

38

39

Las fotografías del Observatorio anteriores a 1950[58] tampoco son muy numerosas, aunque es de anotar que curiosamente el primer daguerrotipo tomado en Bogotá, fechado en 1842, aparece titulado como *La calle del Observatorio* (llamada también calle del Chocho y posteriormente calle 8.ª, actualmente cerrada), **40**. Se puede deducir que la placa está tomada desde un punto próximo a la esquina, mirando hacia los cerros orientales. La construcción de la izquierda es la Casa Botánica, que según se aprecia, conservaba por entonces el acceso por esta misma calle, que conducía directamente al jardín donde estaba el Observatorio.

Otra importante fotografía es la tomada por José Gregorio Gutiérrez Ponce en 1867, **41**. Aquí aparece el general Tomás Cipriano de Mosquera (derecha) junto a su colaborador, Francisco Montenegro, jugando ajedrez en la terraza del Observatorio[59]. Se puede ver,

[58] La fotografía en Colombia (y en el mundo) se hizo muy popular a partir de la década del cincuenta. Esto explica que los registros fotográficos anteriores fueran tan limitados.

[59] Las circunstancias en las que fue tomada esta fotografía las narra José María Cordovez Moure en *Reminiscencias de Santa fe y Bogotá.* Se transcriben apartes bajo las evidencias escritas, en este capítulo.

al fondo, la silueta de la Catedral, por encima de los cimientos del Capitolio que por entonces se encontraba en construcción. Se aprecia también que faltan los edículos[60] de remate sobre el pretil de la terraza, agregados posteriormente.

Existe una interesante fotografía publicada en *Historia del Capitolio Nacional* (A. Corradine) tomada según dice el pie de imagen, **42**, entre 1855 y 1869, desde la esquina suroriental de la Plaza de Bolívar en lo que hoy es el Palacio Cardenalicio. Aquí se aprecian en primer plano las suspendidas obras de cimentación del Capitolio y, al fondo, el Observatorio Astronómico, con tonos de color sobre las fachadas del cuerpo octogonal. Se observa también la iglesia de Santa Clara, con la característica espadaña esquinera, destacándose entre las cubiertas de las construcciones vecinas.

Una importante fotografía, tomada, según se indica, en 1870, **43**, es la que aparece en la Historia de la arquitectura en Colombia (siglo XIX) de Alberto Corradine, donde se ve el detalle de los colores de

[60] Ver Glosario.

40

41

40. Calle del Observatorio, primera imagen fotográfica (daguerrotipo) tomada Bogotá. En *Historia de Bogotá*, Bogotá: Misión Colombia–Villegas, 1988.

41. El presidente derrocado Tomás Cipriano de Mosquera (1877-1878) juega ajedrez con su asistente Francisco Montenegro en su prisión del Observatorio Astronómico. Fotografía de José Gregorio Gutiérrez Ponce, 1867. Colección Raúl Jiménez Arango, Bogotá. Se aprecia la Catedral Primada (obra de Petrés) así como la cúpula de la Capilla del Sagrario. En *Historia de Bogotá* (citado).

42

43

44

45

42. Fotografía tomada desde el altozano de la Catedral, se ve al fondo el observatorio con sus planos de color y en primer plano, los límites del capitolio. Tomada entre 1855- 1869 según A. Corradine.

43. Fotografía del Observatorio Astronómico (ca 1870) tomada desde la carrera 8.ª (Santa Clara) en la que se aprecia el muro de cerramiento y la cúpula fija de ladrillo. En *Historia de la arquitectura colombiana sXIX A*. Corradine y Helga Mora. U Nacional 2001 página 23.

44. Calle de Santa Clara vista desde el norte, en la esquina de la calle 10.ª. Fotografía tomada (presumiblemente) en 1895, antes del cambio de la cúpula. *Historia de Bogotá*, citado.

45. "El Observatorio y el Teatro Municipal en 1895, dos muestras de los estilos arquitectónicos que imperaban en los edificios públicos de Bogotá durante la segunda mitad del siglo XIX. El Teatro Municipal fue destruido y hoy en su sitio está parte de los jardines de la Casa de Nariño." Tomado de Misión Colombia, *Historia de Bogotá*, citado.

46. Interior del Observatorio, sala baja. Se aprecia al fondo el retrato de José Celestino Mutis. En esta sala baja funcionaba la sede de la Sociedad Geográfica.

47. Interior del Observatorio, salón principal. Se aprecia al fondo el retrato de Julio Garavito. En esta sala principal, o *camara stellata*, funcionaba la sede de la Academia de Ciencias. Las dos fotografías son tomadas aproximadamente en 1938, a raíz de la publicación que se preparaba para la revista de la Academia de Ciencias, con motivo del IV centenario de la fundación de Bogotá.

fachada así como el muro que encerraba la construcción hacia la calle y la carrera. En esta imagen se aprecian los edículos sobre el pretil de la terraza y la cúpula de ladrillo, rematada con una veleta[61]. En el pie de foto se lee: *Fotografía del Observatorio de Bogotá por el año de 1870, que muestra el uso del color por esos años.*

Fechadas en 1895, aparecen dos fotografías de la calle de Santa Clara: la primera, **44**, es tomada en dirección al sur y se aprecia la fachada del antiguo teatro Coliseo (demolido en 1952) y al fondo, la torre del Observatorio que por entonces conservaba todavía la cúpula de ladrillo sobre el gabinete del telescopio. La segunda, **45**, es una fotografía tomada a nivel de la calle, hacia el norte, en la que se aprecia al fondo la pared sur del teatro Coliseo y la esquina del Observatorio, ya cerrado por una reja. En esta imagen se deduce que el acceso se ubicaba en la esquina achaflanada, marcada por los dos machones.

El 6 de agosto de 1938 se celebró el cuarto centenario de la fundación de Bogotá y a partir de esta celebración se publicaron varios documentos como el álbum de 1938, en el que aparecen aspectos de la ciudad y su arquitectura. Una de las fotografías muestra el Observatorio y la esquina del Teatro Municipal.

En la publicación que se hiciera en la *Revista de la Academia de Ciencias Exactas, Físicas y Naturales* (1938) (cuya sede era el Observatorio), el director por entonces, el señor Jorge Álvarez Lleras, prepara un minucioso trabajo monográfico del edificio. La razón de esta publicación dedicada al Observatorio es, según se explica, el deseo de contribuir con la celebración del IV centenario de la fundación de la ciudad. En el número aparecen, además de los textos, algunas imágenes fotográficas, dos de las cuales corresponden al interior del edificio: en la primera, **46**, está la sala baja donde tuvieron lugar las reuniones de la Academia de Ciencias; la segunda, **47**, muestra el salón principal, conocido como

61 El registro de la dirección del viento debió ser una de las actividades importantes en el Observatorio, como complemento a las mediciones barométricas. Este elemento de la veleta es una característica muy importante en la Torre de los Vientos de Atenas, que se explica en el capítulo 4.

46

47

camara stellata, con los postigos cerrados y algunos instrumentos sobre las mesas.

Aparecen también dos fotografías tomadas en el exterior, que según reza el pie de foto, una muestra el "electroscopio", 48, alojado en un pequeño gabinete octogonal situado fuera del edificio, y la otra el busto de Mutis, 49. En esta segunda se observa un relieve que en algún momento tuvo el zócalo de la torre de la escalera, simulando una mampostería rústica.

En el *Libro Azul de Colombia* aparece una fotografía tomada desde la calle octava en dirección nor-occidente, donde aparece el Palacio Echeverry al fondo y el Observatorio a la derecha.

A juzgar por el modelo de los automóviles, así como debido al hecho de encontrar una vía frente a la cara oriental del Observatorio (Avenida Núñez), se deduce que las fotografías, 50-51, fueron tomadas alrededor de los años cuarenta. Aquí el edificio ya aparece completamente pintado de blanco y en la terraza unas antenas que pudieron ser empleadas para verificar datos de la longitud valiéndose para esto de un equipo de transmisión radial.

Entre los álbumes de José Vicente Ortega Ricaurte, aparece la fotografía fechada 1950, 52. Se aprecia la reja en la esquina que daba acceso al jardín y en el fondo, la fachada sur del Teatro municipal.

Uno de los fotógrafos mas reconocidos durante las décadas del 50 y 60 fue el alemán Paul Beer, quien entre el registro preciso de la construcción de una buena cantidad de edificios "modernos", tomó una fotografía del Observatorio desde la esquina de la 8ª con 8ª, 53, en los tiempos en los que se estaban adelantando las reformas de la Plaza de Armas de la casa de Nariño.

48

49

50

51

48. Fotografía de la caseta que alojaba el electroscopio. En *Revista Colombiana de Ciencias...*, citado.
49. Busto de Mutis, próximo a la torre de las escaleras. En *Revista colombiana de Ciencias...*, citado.
50. Fotografía de los años cuarenta (según se deduce por el modelo del automóvil) en la que se observa la antena, que hace suponer el uso que pudo tener. Esta fotografía ha sido reproducida en afiches de 50 x 70 cm y actualmente se vende en las calles de Bogotá. Cabe anotar sin embargo que en las copias el negativo ha sido invertido.
51. Fotografía de los años cuarenta, tomada de *Biografía de fray Domingo de Petrés*, escrita por fray Antonio de Alcocer en 1958.
52. Fotografía desde la carrera octava. Tomada de *Bogotá, el 6 de agosto de 1938*.Una publicación de la Sociedad de mejoras y Ornato y editora Arco S.A. 3ª edición 2001
53. Fotografía de Paul Beer, desde la carrera octava.

52

53

Ilustraciones y dibujos

54. Grabado de Antonio González, publicado en *Papel Periódico Ilustrado*.

55. Detalle del croquis realizado por Le Corbusier a propósito del proyecto para el Centro Cívico de Bogotá. Publicado en la revista PROA.

54

55

Existe un grabado realizado por Antonio González, publicado en el *Papel Periódico Ilustrado,* 54. En este, se muestra el edificio en su costado oriental. Aparece aquí la cúpula fija de ladrillo abierta hacia el norte, lo que hace suponer que González hizo esta ilustración antes de 1889, cuando se instaló la nueva cúpula metálica. En el encuadre escogido por González desde la Casa Botánica, aparece una palma de cera en primer plano. Dicha palma seguramente fue derribada cuando se construyó la Avenida Núñez, que conectaba en su momento el Palacio Presidencial con el Capitolio Nacional.

Dentro de los dibujos que realizó Le Corbusier, 55, como parte de los proyectos urbanos para el Centro Cívico de Bogotá, hay uno en el que aparece el Observatorio visto en un segundo plano detrás del Capitolio Nacional y de la Plaza de Bolívar con la Catedral Primada (ver capítulo 4).

El "Cronista de la Ciudad" Guillermo Hernández de Alba, en su *Guía de Bogotá,* publicó una reseña del Observatorio Astronómico en la que incluye una ilustración de Jorge Franklin. En esta ilustración se ve todavía la esquina del Teatro Municipal.

Finalmente, en el Centro de Documentación de la Subdirección de Patrimonio del Ministerio de Cultura existe un juego de planos (incompletos) en escala 1:50 a los que se suman los croquis de levantamiento fechados en septiembre de 1993 y las *fichas de preinventario de inmuebles individuales* que contienen fotografías, dibujos y una tabla de valoración del estado en el que se encontraba el Observatorio en ese momento (1993). Si bien se trata de información parcial, es importante decir que es la recopilación de datos más completa que existe y la base sobre la cual se partió para la realización del presente estudio.

Entre las distintas representaciones arquitectónicas que han hecho parte de la numismática en Colombia, el Observatorio Astronómico ha aparecido cuatro veces: la primera, en el billete de 25 pesos emitido en 1904. Aquí, aparece el edificio desde la esquina sur occidental. La segunda, es en el billete de 200 pesos, emitido en 1983 y en 1984. Aparece, en este segundo caso, la imagen del edificio (tomada del grabado de Antonio González) junto al rostro de Mutis. Y la tercera aparición, corresponde al billete de 20 mil pesos, emitido en 2005, donde se aprecia un detalle de la fachada vinculado a la composición general del anverso de este billete.

Evidencias escritas: descripciones

Por otra parte, están las *evidencias escritas* que incluyen los textos, descripciones, documentos en los que se menciona de forma directa o indirecta, alguna, algunas o la totalidad de las circunstancias que rodean el edificio. Estas evidencias escritas pueden ser técnicas cuando su objeto es describir aspectos específicos ya sea de la construcción, el presupuesto o bien una situación legal en particular. Pero también pueden ser descripciones literarias en las que se hacen eventuales menciones con el fin de re-crear un ambiente particular. Por otra parte puede tratarse de escritos históricos en los que aparecen datos relevantes relacionados con la época, la corriente estilística a la que perteneció, datos biográficos del autor y su discurso o información sobre el promotor de la obra y todos aquellos factores que puedan tener alguna incidencia en el resultado final y posterior devenir de la construcción.

Francisco José de Caldas, nombrado como su primer director por decisión de Mutis, llamó al edificio "primera atalaya sobre el cielo antártico, oculto a la Europa sabia"[62]. Caldas realizó una serie de mediciones del edificio que han sido comparadas con

[62] Si bien es cierto que Caldas describe el edificio con cierta emotividad, también es importante decir que hay documentos que prueban los reparos que este tenía sobre su funcionamiento y lamenta mucho no haber sido consultado durante la construcción del mismo.

las tomadas recientemente, y se encuentra en todas una precisa coincidencia. Para este primer trabajo de levantamiento, Caldas utilizó unidades de medida que ya no aplican (pies de rey y varas de Burgos) y su equivalencia es aproximada, como se explica en las notas que acompañan el siguiente texto:

Descripción del Observatorio Astronómico de Santa fe de Bogotá, situado en el jardín de la Real Expedición Botánica Francisco José de Caldas[63]

El Observatorio astronómico de esta capital, debido a la generosidad y patriotismo del doctor don José Celestino Mutis, se comenzó el 24 de mayo de 1802, y se acabó el 20 de agosto de 1803.

Su figura es la de una torre octágona de 13 pies de rey de lado y 56 de altura[1]. El diámetro, quitando el grueso de los muros, es de 27 pies[2]. Tiene tres cuerpos[3]: el primero, de 14,5 pies de elevación, se compone de pilastrones toscanos[4] pareados en los ángulos sobre un zócalo que corre por todo el edificio. En los columnarios hay ventanas rectangulares, y en el que mira al oriente está la puerta. La bóveda sostenida por este cuerpo, forma el piso del salón principal[5]. El segundo, de 26,5 pies, es un orden dórico[6] en pilastras angulares como el primero. Dentro de ellas están las ventanas muy rasgadas, circulares por arriba, con recuadros y guardalluvias que las adornan. La bóveda superior[7] es hemisférica, perforada en el centro y sostiene el último piso al descubierto. Un ático fingido corona todo el edificio y sirve al mismo tiempo de antepecho. El agujero de la segunda bóveda da paso a un rayo de luz que va a pintar la imagen del Sol sobre el pavimento del salón en que se ha tirado una línea meridiana y forma un gnomon de 37 pies y siete pulgadas de elevación[8].

[63] El texto de Caldas es publicado por primera vez en el número 7 del *Semanario Científico*, revista dirigida por él mismo.

[1] *13 pies de rey de lado y 56 de altura* equivalen a 4,264 x 18,36 m (1 pie de rey = 0,328 m, aproximadamente). La medida fue tomada por Caldas sobre una de las siete caras libres del octógono, desde el suelo hasta la base de los edículos que se encuentran en la azotea. La proporción, sin embargo, de 56 / 13 pies = 4,30 y la de 18,36 / 4,264 m = 4,305 es ligeramente distinta. La diferencia se debe, tal vez, a las modificaciones que han sucedido con el nivel exterior del suelo, seguramente rellenado posteriormente, así como a las capas de pintura y pañetes aplicadas en los muros.

[2] *27 pies* (de rey) equivalen a 8,56 m, medidos desde una de las caras internas hasta su opuesta. En las mediciones recientes, el promedio de estas medidas perpendiculares entre las caras internas es de 8,59 m.

[3] *Tiene tres cuerpos:* esta consideración hace alusión a la manera clásica de nombrar las partes del edificio: base, cuerpo y remate. Es interesante ver cómo Caldas en su descripción menciona siempre el octágono y solamente al final incluye el cuerpo de la escalera.

[4] *Pilastrones toscanos:* la construcción, en el presente, cuenta con unos pilastrones en el zócalo, pero estos no tienen ningún tipo de ornamento que haga alusión a los órdenes clásicos. Esto hace pensar que posiblemente estos pilastrones fueron reformados posteriormente.

[5] *Salón principal:* esta es la manera como Caldas designa la sala del primer piso, que en este estudio hemos denominado salón bajo.

En el lado del octágono que mira al suroeste, está la escalera en espiral que da ascenso a la sala principal y a la azotea superior. A la escalera la cubre una bóveda que forma el piso de otra sala de 60,5 pies de altura, la más elevada del Observatorio y cerrada por otra de 72,5 pies de elevación, con una ranura de norte a sur. Aquí se ha colocado el cuadrante astronómico para alturas meridianas.

[...]

En diciembre de 1805, puso el señor Mutis el Observatorio a mi cuidado. En esta época monté los instrumentos y comencé una serie de observaciones astronómicas y meteorológicas que no he interrumpido.

Este sería el lugar más propio para publicar la posición geográfica del Observatorio; pero las nubes que ocultaron el Sol en el solsticio de diciembre de 1805, y en los de 1806 y uno de 1807, no han permitido concluir de un modo invariable e independiente de toda suposición la latitud de este edificio. No obstante, por numerosas alturas meridianas del Sol y las estrellas tomadas al norte, al sur y al cenit, he hallado que está a 4° 36´ 6´´ N[9], determinación que no puede incluir 5» de error, atendido el cuidado que hemos puesto en este elemento capital para un observatorio.

Por lo que mira a su longitud, aunque se han observado muchas emersiones e inmersiones del primero y segundo satélite de Júpiter en el discurso de 1806 y 1807, no hemos recibido correspondiente ninguno de los observatorios de Europa; pero nuestros primeros ensayos, usando del cálculo, se sitúan del meridiano del nuestro a 4h 32´ 4´´ al occidente del Observatorio Real de la isla de León.

[6] *Orden dórico:* antes que un dato erudito, lo que Caldas hace es mencionar este orden por ser el que más se ajusta, en imagen, al que se encuentra construido de manera bastante particular en las pilastras de la fachada.

[7] *Bóveda superior [...] segunda bóveda:* Puede tratarse de una equivocación de Caldas, ya que por ser originadas en una planta centralizada, se trata más bien de formas que tienden a ser cúpulas semiesférica (*hemisféricas,* en palabras de Caldas) antes que bóvedas.

[8] *Forma un gnomon de 37 pies y siete pulgadas de elevación:* esto corresponde aproximadamente a la medida (12,36 m) entre la clave de la cúpula de la *camara stellata* y el suelo, donde está la meridiana. Un gnomon solar es un rudimentario mecanismo para registrar el paso del sol. Se define como una vara puesta verticalmente en el suelo que proyecta una sombra al darle el sol, a medida que este hace su recorrido se modifica la longitud y posición de dicha sombra. La versión de gnomon solar que hace Caldas en el texto es sin embargo distinta: se trata no de una varilla que marca con su sombra el paso del sol, sino de un rayo de sol que penetra a través de un agujero al suelo de la sala, y deja ahí su marca.

[9] *Está a 4° 36´ 6´´ N.* Las mediciones actuales establecen la posición de Bogotá en 4° 35´ 56´´ 57´´´, siendo por tanto muy escasa la diferencia. La longitud no se menciona debido a la dificultad de medirla y a que, iniciando el siglo XIX, se asumía el meridiano cero en París y ahora se hace en Greenwich. De cualquier manera, el asunto de la ubicación de Bogotá fue una preocupación permanente entre la comunidad científica. En 1897, el profesor Julio Garavito (director del Observatorio) publicó un folleto titulado *Latitud del Observatorio de Bogotá,* y en 1925, el ingeniero Julio Garzón Nieto publicó un opúsculo titulado Longitud de Bogotá. Más tarde, en 1935, Jorge Álvarez Lleras (director del Observatorio) publicó *Longitud y Latitud del Observatorio,* en un libro que incluye detalles y las memorias de cálculo, así como la explicación de los recursos ópticos empleados para lograrlo.

Su altura sobre el nivel del Océano, deducida de una larga serie de observaciones del barómetro lleno con todas las precauciones que hemos indicado en las notas precedentes, es de 1352,7 toesas[10] (3156,3 varas de Burgos).

Si los observatorios de Europa hacen ventaja a éste naciente, por la colección de instrumentos y por lo suntuoso del edificio, el de Santa fe de Bogotá no cede a ninguno por la situación importante que ocupa sobre el globo. Dueño de ambos hemisferios, todos los días se le presenta el cielo con todas sus riquezas. Colocado en el centro de la zona tórrida, ve dos veces al año el Sol en su cenit, y los trópicos casi a la misma elevación. Establecido sobre los Andes Ecuatoriales a una prodigiosa elevación sobre el Océano, tiene poco que temer a la inconstancia de las refracciones, ve brillar a las estrellas con una claridad y sobre un azul subido lo que de él no tiene idea el astrónomo europeo. De aquí ¡cuántas ventajas para el progreso de la astronomía! Si el célebre Lalande anuncia con entusiasmo la erección del observatorio de Malta por hallarse a 36° de latitud y ser el más meridional de cuantos existen en Europa, ¿qué habría dicho del de Santa fe a 4° 30´ de la línea? Lejos de las nieblas del Norte y de las vicisitudes de las estaciones, puede en todos los meses registrar el cielo. Hasta hoy suspiran los astrónomos por un catálogo completo de las estrellas boreales y apenas conocen las australes. ¿Qué no se debe esperar de nuestro Observatorio si llega a montar un círculo como el de Piazzi? Con un Herschel a esta latitud, ¡cuántas estrellas nuevas, cuántas dobles, triples! ¡Cuántas nebulosas! ¡Cuántas planetarias! ¡Cuántos cometas que se acercan a nuestro planeta por el sur y vuelven a hundirse por esta parte en el espacio, escapan de las indagaciones de los observadores europeos! La gloria de conquistar las regiones antárticas del cielo, le está reservada, así como

[10] *1352,7 toesas:* la toesa es una unidad de medida francesa equivalente a 1,949 m, lo que quiere decir que según los cálculos mencionados por Caldas, la altura del Observatorio respecto al nivel del mar es de 2636,412 m.s.n.m. Las mediciones actuales hablan de 2640 m.s.n.m., lo que genera una escasa diferencia de 3,588 m que tal vez se expliquen por el lugar en el que se toman las medidas.

hoy posee la de ser el primer templo que se ha erigido a Urania en el Nuevo Continente, y la posteridad colocará al sabio y generoso Mutis, como fundador, al lado de Landgrave Guillermo, y de Federico II de Dinamarca, y como astrónomo, al de Ticho Brahe[11], de Kepler y de Hevelio.

Descripción de Jorge Arias de Greiff

En el proceso de documentación se contó adicionalmente con el texto y los datos recogidos en una conversación con el profesor Jorge Arias de Greiff[64], quien ha insistido en evidenciar las "anomalías" por las que cuestiona la capacidad del Observatorio para registrar los complejos y muy precisos movimientos estelares. En *Historia de la astronomía en Colombia* recalca estas imprecisiones de concepto, explicadas en el texto que a continuación se transcribe:

[64] Jorge Arias de Greiff, ex director del Observatorio Astronómico y autor de la *Historia de la astronomía en Colombia* (1993).

Tomó fray Domingo de Petrés, el arquitecto a quien se encomendó la obra, por modelo para el Observatorio las construcciones usuales europeas de siglos anteriores, en especial la primera construcción de Greenwich y las torres extremas de la primera construcción del Observatorio de París[1]. Consta el edificio de una *camara stellata* octogonal, con siete altas ventanas en los costados para hacer observaciones desde el interior, construida sobre un salón bajo de menor altura, habitación del astrónomo y rematada por una azotea. Adicionó Petrés a la torre octogonal otra para albergar la escalera[2], rematada por una caseta meridiana[3] con una ranura en el techo. El salón principal, por una abertura en el centro de la azotea, constituía de hecho un gran gnomon solar, aun cuando la extremada altura del recinto hace que en los solsticios el rayo solar caiga no en la cinta meridiana del piso, sino sobre las paredes laterales. Pero es más: estos salones se usaron en las altas latitudes europeas para observar desde

[1] El asunto de los modelos de referencia, tomados para la construcción del Observatorio Astronómico de Bogotá, es algo que no parece fácil de comprobar. Se expone en este texto (cap. 1) una hipótesis en la que se procura seguir el rastro de los edificios que de alguna manera pudieron influir sobre el presente.

[2] En el texto Arias de Greiff aparece una nota en este punto que dice lo siguiente: "Una construcción similar, con torre lateral adosada para escalera, se construyó en Mannheim hacia mediados del siglo XVIII" (ver capítulo 1, Observatorios astronómicos).

[3] En la ilustración que hace el grabador Antonio González del Observatorio Astronómico de Bogotá, aparece esta "caseta meridiana" con su apertura hacia el norte. Hay indicios para suponer que este remate, reemplazado a finales del siglo XIX por la cúpula metálica, estuvo construido en racilla a la manera catalana que tan bien conocía Petrés.

[4] Estos edificios, Observatorio de San Fernando, Madrid, París, Greenwich y Mannheim, se relacionan en el cuarto capítulo (análisis) donde se trata el tema de los observatorios como tipología arquitectónica.

[5] Es importante el reconocimiento que hace el autor del edificio como instrumento astronómico, pese a contar con tantas imprecisiones. A esto, añade más adelante: "Al continuar utilizándose hasta el fin de los tiempos para lo que fue erigido, la astronomía, al tener un desarrollo histórico propio a lo largo de su existencia, al cumplir cabalmente su cometido, asume el carácter de símbolo de la ciencia en Colombia".

el interior, por las ventanas, la marcha de los cuerpos del sistema solar desde la salida al oriente, hasta la puesta por occidente, con su máxima altura o culminación, no en el cenit sino hacia el sur, momento en que se veían por la ventana de ese costado. Pero esto no ocurre así en las zonas ecuatoriales, donde estos astros culminan muy altos vecinos al cenit. Todavía más: ni siquiera hay ventana al sur, pues ese es el lugar de la escalera [...]. Una transferencia no adecuada de tecnología, se diría hoy, y Caldas, para quien se construyó la torre, no fue previamente consultado, ni lo fue el resto de la comunidad científica: Cabrer, Del Castillo y Armenta, Hidalgo Esquiaqui, Páez de la Cadena, Noguera, Talledo, Tíscar, etc. [...]. Pero tampoco el solitario Mutis buscó consejo en España: el autodenominado "oráculo del reino", acostumbrado a que todo le fuese preguntado, no atinó a consultar; erigió un observatorio obsoleto, diez años después de que en Madrid y San Fernando[4] se habían construido modernos edificios, no de la tipología del siglo XVI, pero sí ya de la que caracterizará las construcciones de los edificios del siglo XIX [...]. El que el Observatorio de Bogotá recuerde esas primeras construcciones de Greenwich y París lo hace una más interesante joya de la historia de la astronomía [5].

Descripción de Jorge Álvarez Lleras

El doctor Jorge Álvarez Lleras, en calidad de director del Observario y de la Academia Colombiana de Ciencias, publica en 1938 en la Revista de la Academia Colombiana de Ciencias Exactas, Físicas y Naturales, correspondiente de la española[65], una completa reseña que contiene información gráfica y escrita de enorme interés acerca

[65] En la *Revista de la Academia Colombiana de Ciencias Exactas, Físicas y Naturales, correspondiente a la española,* Bogotá 1938. prólogo

del edificio en cuestión. En la nota editorial se explica que este trabajo ha sido preparado especialmente con motivo del cuarto centenario de la fundación de Bogotá:

> Y, como centro de la mayor parte de los trabajos científicos ejecutados en este país, ya directa o indirectamente, ha sido el Observatorio Astronómico de Santa fe de Bogotá y como, por derecho propio, en él tiene su asiento la Academia Colombiana de Ciencias Exactas, Físicas y Naturales, nada nos ha parecido más natural, al hacer la historia de las ciencias en Colombia, para cooperar de esta suerte en la celebración del IV centenario de Bogotá, que dedicar el presente número al Observatorio Astronómico fundado por Mutis y dirigido por Caldas como su primer director.

> Además, el local de este Observatorio Astronómico, en las postrimerías de la Colonia y desde los albores de la República, ha venido siendo característica arquitectónica bien definida en el paisaje de la ciudad fundada por don Gonzalo Jiménez de Quesada bajo la denominación de Santa fe [...]. Y esto hasta el punto de que los artistas que en alguna forma han intentado pasar a la posteridad siluetas bien definidas de ella, nunca han podido prescindir de la torre octágona del Observatorio, el primer templo consagrado a Urania en el Nuevo Continente, a decir de Caldas.

Descripción de Pedro M. Ibañez

El cronista publica la siguiente reseña en *Crónicas de Bogotá*.

> El sólido edificio del Observatorio Astronómico de Bogotá, de arquitectura pesada y fría que recuerda las fortalezas de

la época medioeval, se construyó por iniciativa de José Celestino Mutis, con anuencia del Ministro Marqués de Sonora.

El arquitecto escogido para dirigir la obra fue el célebre lego capuchino Domingo Pérez de Petrez. Se le dio al edificio la forma de un reloj de sol, usada entonces, y abandonada hoy por los arquitectos modernos, porque no se obtiene el tiempo sino con mala aproximación. La orientación se hizo con brújula", [agrega Diodoro Sánchez en *Biografía de J.M. González Benito*] "y como tiene forma octogonal, se observa que la meridiana cae oblicuamente sobre los lados norte y sur, y forma con la normal un ángulo igual a la declinación magnética en los primeros años del siglo pasado.[66]

[66] Pedro M. Ibáñez, *en Crónicas de Bogotá*. Tomo II página 241.

Descripción de Daniel Ortega Ricaurte

El cronista Daniel Ortega Ricaurte publica la siguiente nota en Cosas de Santa fé de Bogotá.

Abajo de la Botánica en un terreno inculto y abandonado, se plantó el célebre jardín botánico, iniciado por Mutis en la parte baja de ese extenso lote que va de la calle de la carrera a la de Santa Clara. En su ángulo occidental construyó el capuchino de Petrez el Observatorio Astronómico, otra de las realizaciones de Mutis, el que fue concluido en 1803 con un costo de $13.815, siendo el sabio Caldas su primer director. Este fue el segundo observatorio levantado en el Nuevo Mundo, del que dijo el elocuente orador sagrado presbítero Álvaro Sánchez: la clásica silueta de ese faro del saber y de la investigación se recorta sobre el cielo santafereño como un índice que invita a la conquista de las constelaciones.[67]

[67] Daniel Ortega Ricaurte, en *Cosas de Santa fé de Bogotá*. Página 240.

Descripción de José María Cordovez Moure

En Reminiscencias de Santa fe y Bogotá[68] se publican las siguientes descripciones en las que se narran, entre otras, las penosas circunstancias en las cuales estuvo el general Mosquera durante su cautiverio[69] y el episodio de la heladería que funcionó en el Observatorio Astronómico: la primera cita está en el capítulo XXVI y el segundo en el capítulo XI.

[68] Primera cita cap. XXVI p. 1174 y segunda cita, cap. XI p. 134.

[69] Ver fotografía arriba, en este mismo capítulo.

El 26 de Mayo se terminaron los preparativos necesarios para cambiar en prisión-fortaleza el Observatorio Astronómico y en esta fecha se hizo trasladar allí al general Mosquera en silla de manos, alojándolo en el desmantelado y frío salón octógono que forma el entresuelo y tiene por coronamiento la azotea rodeada del alto antepecho, que solo permite dirigir la vista a los confines de la Sabana y a las alturas de los cerros de Monserrate y Guadalupe, que la dominan. La escalera de la torre es pendiente y estrecha, dividida en dos secciones: la primera conduce del piso inferior al salón octógono, y estaba guardada por los civiles acuartelados con el fin de custodiar de vista al prisionero a todas las horas del día y de la noche, sin permitirle hablar sino con sus guardianes, y esto lo puramente preciso para pedir lo estrictamente necesario, y como aquel proceder no prestara la suficiente seguridad, permanecían fijos dos centinelas a la cabecera y a los pies de la cama del general Mosquera, espiando hasta sus más insignificantes movimientos.

Si el cautivo pedía que le dieran sol, se le permitía subir a la azotea acompañado de dos centinelas, que lo vigilaban con ojos de Argos; pero como era necesario que alguien llenara las funciones de camarero para atender al servicio personal del general Mosquera, se consintió que su sirviente, de apellido Montenegro, lo asistiera, con la expresa condición de que llevara el mismo método de vida que el señor a quien servía; y como nada exaspera más el carácter que la cautividad, se producían escenas deplorables entre el amo y el sirviente, llevando siempre la peor parte el general Mosquera, quien se veía compelido a sobrellevar los desacatos de Montenegro, por las constantes amenazas de abandonarle que este le hacía.

[…]

Entonces se permitió que un fotógrafo retratara al presidente prisionero jugando una partida de ajedrez con su sirviente, en la azotea del Observatorio.

La segunda es más bien una anécdota referida al Observatorio:

Pocas serían las personas que no conocieran en Santa fe a Joaquina Rodríguez, la Heladera. Vivía en una tienda situada al oriente del huerto, que entonces se llamaba jardín del Observatorio, cuyo edificio tenía no para observar las estrellas, porque nunca tuvo pretensión de cultivar la ciencia de Urania, sino simplemente con el objeto de dedicar el edificio para depositar, en la planta baja, el granizo que recogía en el invierno, y poderlo conservar el mayor tiempo posible, a fin de dar más duración a la industria que le daba para vivir, amén de las razonables ganancias que le producía cada granizada.

Caben bien aquí aquellas lacónicas palabras de santo Tomás de Kempis: Sic transit gloria mundi, porque nunca pudieron figurarse los sabios Celestino Mutis y Francisco José de Caldas que se iban a quemar las pestañas a fin de escoger el sitio más adecuado para edificar el Observatorio Astronómico mejor situado en el mundo, y que algún día se dedicara el fruto de sus desvelos al prosaico destino de guardar el producto del fenómeno físico respecto del cual la ciencia no ha dicho aún la última palabra.

En *El Mundo al Día*

Son varios los artículos en revistas y periódicos escritos a propósito del Observatorio Astronómico, más aún en las fechas relacionadas con los centenarios o con aniversarios especiales. Sin embargo, cabe destacar uno que es particular, publicado el 5 de marzo de 1927 en el diario *El Mundo al Día*, escrito por Eduardo Domínguez. En este corto artículo titulado Hechos alegres y tristes ocurridos en el viejo Observatorio de Bogotá, Domínguez narra algunas anécdotas empezando por la amenaza que tuvo la reja del edificio de ser removida para ubicar en este lugar una parada de autobuses, que afortunadamente fue impedida por la comunidad científica con el argumento de las trepidaciones que esto podría generar en los instrumentos de precisión. El artículo termina con una insólita manifestación de poder del gobernador de Cundinamarca quien por estar en sus ocupaciones no alcanzó a llegar a la cita para observar el eclipse de luna y con cierta gracia les dijo a sus acompañantes, para tranquilizarlos, que con seguridad, el sabio Garavito lo podría repetir.

Comentario

La tarea de buscar la información concerniente al Observatorio Astronómico ha significado acudir a todo tipo de fuentes, pero de todas estas, el edificio construido es, en definitiva, la más importante. La experiencia directa resulta irremplazable. Es a partir de esta como la valoración de los documentos adquiere un mayor o

56. Primera página del artículo publicado en *El Mundo al Día* por Eduardo Domínguez, 5 de marzo de 1927. El titular dice: "Hechos alegres y tristes ocurridos. Gobernador ordena repetir un eclipse".

menor grado de confiabilidad y las preguntas y deducciones que surgen en el proceso tienen un mayor sentido al poder confrontarlas con la realidad construida. Es importante ser consciente del paso del tiempo y de las alteraciones que han sucedido, y aquí, las evidencias complementarias adquieren su verdadero valor.

El Observatorio, como ya se puede ver, se ha convertido en un motivo de interés reciente y han sido varias las tentativas de descifrar su configuración, tan aparentemente simple. A continuación se relacionan las principales reseñas y estudios monográficos realizados hasta la fecha que complementan los ya citados:

En *El Observatorio Astronómico de Bogotá, monografía histórica a raíz de su 150 aniversario*, el profesor Alfredo Bateman hace una recapitulación de los principales personajes alrededor de los cuales ha girado la vida de este edificio, argumentando que gracias a ellos el edificio se ha mantenido y merece un reconocimiento en la historia de la nación.

En *Guía de Bogotá*, el cronista Guillermo Hernández de Alba publica una reseña breve dedicada al observatorio, que incluye una ilustración de Franklin.

En la *Historia de la Arquitectura en Colombia* (1989), Alberto Corradaine incluye los dibujos del levantamiento realizado por Germán Cepeda bajo la dirección de Hans Rother y una fotografía tomada desde la carrera 8.ª (Santa Clara). Al no ser este un texto exclusivamente dedicado al edificio, el tratamiento que recibe es apenas informativo.

En *El Observatorio Astronómico de Santa fe de Bogotá* (2002), David Miguel González publica, con ocasión de los doscientos años del edificio, una monografía en la que incluye dibujos de algunos detalles y hace un análisis geométrico de la planta.

En *Fray Domingo Petrés y su obra arquitectónica en Colombia*, Ramón Gutiérrez, Rodolfo Vallín y Verónica Perfetti realizan una exhaustiva indagación sobre Petrés y su obra, en la que obviamente está incluido el Observatorio Astronómico.

Una cantidad considerable de material hace parte del archivo propio del edificio que en este momento (agosto 2007) se ha estado inventariando para ser enviado al Archivo de la Universidad Nacional donde se tiene prevista la publicación de un catálogo especializado.

La mayoría de los títulos citados arriba y en la bibliografía, se encuentran en la Biblioteca Luis Ángel Arango y en las bibliotecas de las universidades De los Andes y Jorge Tadeo Lozano de Bogotá.

Anexo: Hojas de documentación[70]

La tarea de documentación durante la investigación se ha hecho a partir de algunas hojas de documentación en las que se ha venido consignando cada uno de los hallazgos significativos para la comprensión del Observatorio. A continuación se presentan ejemplos de dichas hojas, procesadas con la información obtenida.

Estas hojas de documentación han sido diseñadas como apoyo a la investigación y sirven cada una para un fin específico, siendo la hoja de la ciudad y la hoja del edificio las más importantes, en tanto que resumen la información más directa.

Las hojas de documentación, por otro lado, hacen parte de los ejercicios que deben realizar los estudiantes en los cursos de Historia I y II, y tienen como propósito servir para la organización de la información.

[70] Las hojas de documentación hacen parte del ambiente virtual de aprendizaje (AVA). Se trata de una herramienta especialmente diseñada para los estudiantes de los cursos de historia en la que pueden intercambiar (subir y bajar) información concerniente a los contenidos del cursos como los ejercicios y aplicaciones específicas que desarrollan de manera no presencial a través de Internet. La dirección (agosto de 2007) de este ambiente virtual es:

http://ava.uniandes.edu.co/

Las hojas de documentación se agrupan así:

1. Hojas de localización en la ciudad, **57-58**.

   En estas hojas se consignan los datos concernientes a la localización del edificio en el sector, en cada una de las épocas de las que se disponga información. En la parte inferior se tienen dos columnas cuyo propósito es establecer unas convenciones y el índice de edificios y lugares significativos alrededor del edificio estudiado.

2. Hojas del edificio, **59**.

   Las hojas del edificio constituyen una forma de consulta rápida en la que aparecen los datos básicos del edificio, como fechas, autor, promotor, así como una bibliografía de referencia.

   Es una información sintética que debe permitir partir para investigaciones más profundas.

3. Hojas de recopilación bibliográfica, **60**.

   Cada una de las fuentes consultadas debe ser reseñada, y para este propósito, están las hojas de recopilación bibliográfica. En cada una, aparece además de los nombres de los títulos y los datos para adelantar su búsqueda, un breve resumen del contenido.

4. Hoja de línea del tiempo, **61**.

   Contiene el recuento cronológico de hechos históricos importantes pertinentes al lugar y/o al edificio estudiado; cuenta además con un listado de construcciones realizadas simultáneamente o bien, que sean afines por tipo o como modelo de referencia.

5. Hojas de trabajo de campo, **62**.

   Las anotaciones más importantes se reúnen en esta hoja llamada de trabajo de campo. El fin es poder tener un registro de todos aquellos fragmentos menores que pueden servir para aclarar dudas en el proceso de dibujo y modelación.

6. Hojas banco de imágenes, 63.

Las imágenes son una de las fuentes más importantes en la investigación y deben en todo momento estar disponibles para su consulta. La hoja de banco de imágenes tiene el propósito de mantener la posibilidad de adelantar la búsqueda más adelante.

7. Hojas de glosario, 64.

El manejo de un tema tan específico, como es el caso de los edificios exige así mismo precisión en los términos. Éstos cambian de sentido según la época, la región y la técnica constructiva empleada. Por esta razón se dispone de las hojas de glosario donde se hacen las explicaciones y las acepciones correspondientes a cada caso.

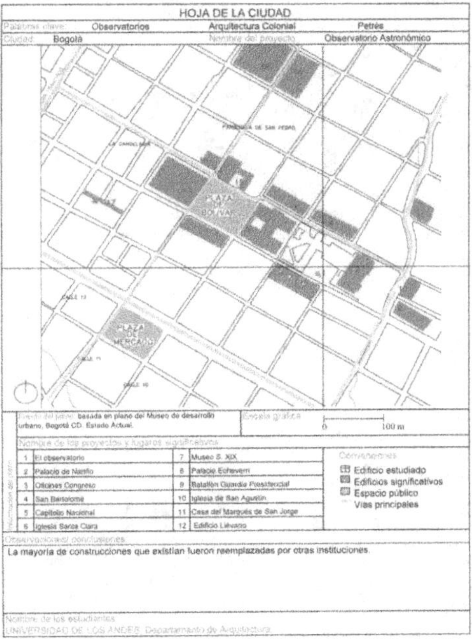

HOJA DE LA CIUDAD

Palabras clave:	Observatorios	Arquitectura Colonial	Petrés
Ciudad: Bogotá		Nombre del proyecto	Observatorio Astronómico

Fuente del plano: basada en plano del Museo de desarrollo urbano, Bogotá CD. Estado Actual.

Escala gráfica: 0 —————— 100 m

Nombre de los proyectos y lugares significativos:

1	El observatorio	7	Avenida Núñez
2	Antigua Casa Botanica	8	Capitolio Nacional
3	Palacio de la Carrera	9	Plaza de Bolivar
4	San Agustín	10	San Ignacio
5	Santa Clara	11	Capilla del Sagrario
6	Palacio Echeverry	12	Catedral Primada

Convenciones:

Observaciones/ conclusiones:

Fotografía aérea en la que se aprecia el estado de la ciuada tras los sucesos del 9 de abril. Se puede ver el Palacio de San Carlos incendiado, lo mismo que algunas construcciones sobre la carrera 7 con la calle 12. El edificio del Observatorio tiene ya un predio definido por las calles 8, carrera 8 y la Avenida Núñez que permaneció por unos pocos años.

Nombre de los estudiantes:
UNIVERSIDAD DE LOS ANDES, Departamento de Arquitectura.

58

HOJA DE LA CIUDAD

Palabras clave:	Observatorios	Arquitectura Colonial	Petrés
Ciudad: Bogotá		Nombre del proyecto	Observatorio Astronómico

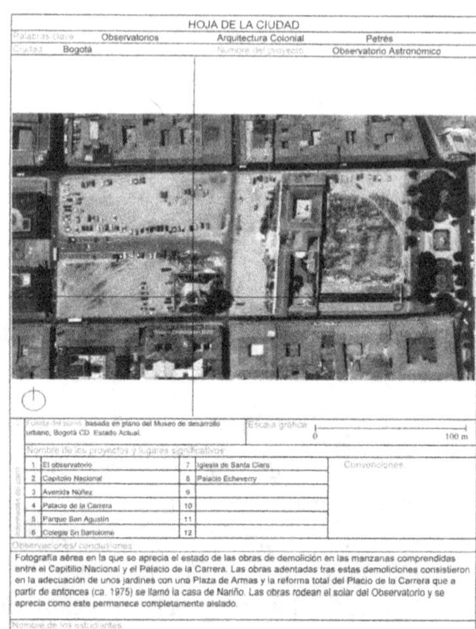

Fuente del plano: basada en plano del Museo de desarrollo urbano, Bogotá CD. Estado Actual.

Escala gráfica: 0 —————— 100 m

Nombre de los proyectos y lugares significativos:

1	El observatorio	7	Iglesia de Santa Clara
2	Capitolio Nacional	8	Palacio Echeverry
3	Avenida Núñez	9	
4	Palacio de la Carrera	10	
5	Parque San Agustín	11	
6	Colegio Sn Bartolomé	12	

Convenciones:

Observaciones/ conclusiones:

Fotografía aérea en la que se aprecia el estado de las obras de demolición en las manzanas comprendidas entre el Capitilio Nacional y el Palacio de la Carrera. Las obras adentadas tras estas demoliciones consistieron en la adecuación de unos jardines con una Plaza de Armas y la reforma total del Placio de la Carrera que a partir de antonces (ca. 1975) se llamó la casa de Nariño. Las obras rodean el solar del Observatorio y se aprecia como este permanece completamente aislado.

Nombre de los estudiantes:
UNIVERSIDAD DE LOS ANDES, Departamento de Arquitectura.

HOJA DEL EDIFICIO

Palabras clave:	Observatorio	Bogotá	Petrés
Nombre del proyecto: Observatorio astronómico		Localización: Bogotá	

Fuentes:

1. González Bernal, David M., El Observatorio Astronómico de Sta Fé de Bogotá, 2002

2. Arias de Greiff, Jorge, La Astronomía en Colombia, Academia Colombiana de Ciencias Exactas, Físicas y Naturales, 1993.

3. Gutiérrez, R, Vallín, R y Pedreti, V., Fray Domingo de Petrés y su obra en Colombia, 1995

4. Saldarriaga, Alberto, Guía arquitectónica de Bogotá, U. de Los Andes, Bogotá, 1994.

Escovar, Alberto.; Mariño, Margarita.; Peña, César., Atlas Histórico de Bogotá 1538 – 1910, Corporación La Candelaria, Grupo editorial Planeta Colombiana S.A. 1ª edición 2004.

COMENTARIO

DESCRIPCIÓN DEL OBSERVATORIO ASTRONÓMICO DE SANTAFE DE BOGOTA, SITUADO EN EL JARDIN DE LA REAL EXPEDICION BOTANICA.

Su figura es la de una torre octógona de 13 pies de rey de lado y 56 de altura. El diametro quitando el grueso de los muros es de 27 pies. Tiene tres cuerpos: el primero de 14.5 pies de elevación, se compone de pilastrones toscanos pareados sobre un zócalo que corre por todo el edificio. En las columnarios hay ventanas rectangulares, y en el que mira al oriente está la puerta. La bóveda sostenida por este cuerpo, forma el piso del salón principal. El segundo, de 26.5 pies es un orden dórico en pilastras angulares como el primero. Dentro de ellas están las ventanas muy rasgadas, circulares por arriba, con recuadros y guardalluvias que las adornan. La bóveda superior es hemisférica, perforada en el centro y sostiene el último piso al descubierto. Un ático fingido corona todo el edificio y sirve al mismo tiempo de antepecho. El agujero de la segunda bóveda da paso a un rayo de luz que va a pintar la imagen del sol sobre el pavimento del salón en que se ha fiado una linea meridiana y forma un gnomon de 37 pies y siete pulgadas de elevación. En el lado del octágono que mira al sudoeste, está la escalera en espiral que da ascenso a la sala principal y a la azotea superior. A la escalera la cubre una bóveda que forma el piso de otra sala de 60.5 pies de elevación con una ranura de norte a sur. Aquí se ha colocado el cuadrante astronómico para alturas meridianas..."

Texto de Caldas publicado por primera vez en el número 7 del Semanario Científico.

1. Escalera torre 2. Vista externa (ca 1940)

3. Plantas y alzados. 4. Alzados comparativos con otras torres en la ciudad. 5. Interior camara stelata

Nombre de los estudiantes: X
UNIVERSIDAD DE LOS ANDES, Departamento de Arquitectura.

59

Nombre del proyecto	Localización
Observatorio astronómico	Bogotá

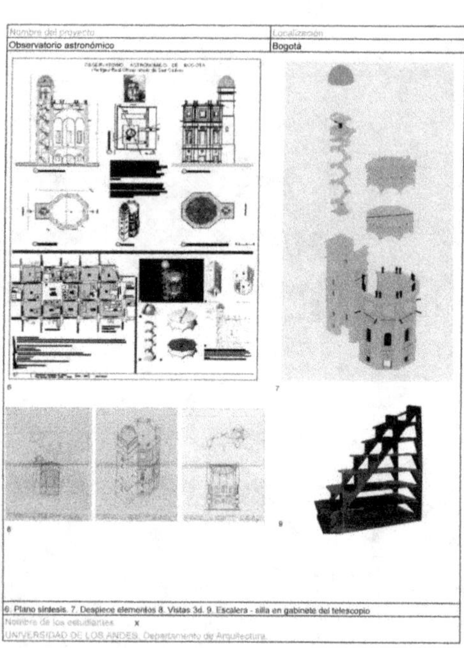

6. Plano síntesis. 7. Despiece elementos 8. Vistas 3d. 9. Escalera - silla en gabinete del telescopio

Nombre de los estudiantes: X
UNIVERSIDAD DE LOS ANDES, Departamento de Arquitectura.

BIBLIOGRAFIA

Autor	Gutierrez, Ramón / Vallín, Rodolfo / Perfetti, Verónica
Título del libro	Fray Domingo de Petrés y su obra
Ciudad	Bogotá — Editorial: Banco de la República - El Áncora editores
Año	1999 — Páginas 190 — # de volúmenes 1
ISBN	958-96577-3-7 — Lugar donde se encuentra la información: bibl. Arqu. U. Andes
Tema asociado	Arquitectura Bogotá
Palabras clave	Petrés — Bogotá — Arquitectura colonial

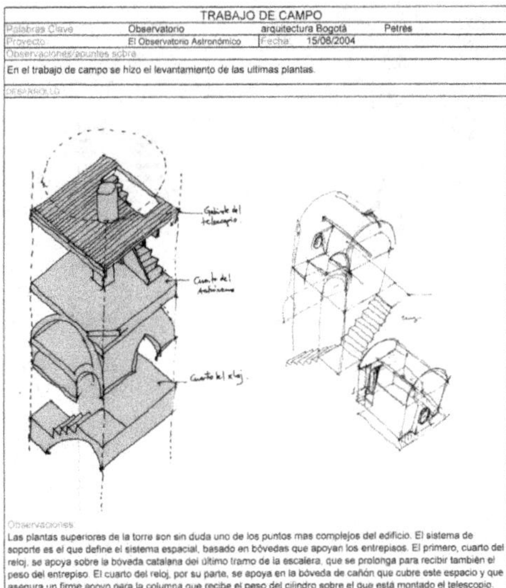

Descripción física:
Pasta blanda
Medidas: 32 x 22
190 páginas.
Imágenes en Blanco y negro.

Contenido/ Resumen:

Este libro hace parte de una serie de investigaciones relacionadas con la historia de Colombia vista a través de ciertos personajes.

En este caso, la figura escogida es la de Fray Domingo de Petrés, un sacerdote Capuchino, llegado a América junto con un contingente de sacerdotes que venían con la misión de suplir las tareas dejadas por los jesuitas, expulsados por el rey Carlos III.

Petrés asume pues una serie importante de tareas y su buen desempeño lo llevan pronto a ser uno de los principales constructores en la ciudad, encargado de la restauración de muchas de las iglesias que resultaron destruidas tras el terremoto de 1785. Entre estas, la catedral de Bogotá, en la que Petrés dispuso de refuerzos especialmente robustos, justamente con el fin de evitar futuras averías.

El Libro de Gutierrez, Vallín y Perfetti recoge datos muy importantes de la formación del capuchino en la región de Valencia y Murcia donde aprendió de manera bastante empírica el arte de la construcción, aunque también, tuvo la posibilidad de entrar en contacto con algunos de los miembros de la academia, con los que seguramente pudo conocer los tratados de arquitectura como el Vitruvio, el Vignola etc.

Se expone mas adelante como fueron las circunstancias que rodearon la vida de Petrés en Santafé y cuales sus principales obras. En esta parte se cuenta además con el aporte de otros autores como son Jaime salcedo y Ernesto Moure.

BIBLIOGRAFIA

Autor	De la Rosa, Moisés
Título del libro	Calles de Santafé de Bogotá (edición facsímilar 1988)
Ciudad	Bogotá — Editorial: Academia de Historia, Tercer mundo editores
Año	1938 (1a edición) — Páginas 350 — # de volúmenes 1
ISBN	958-601-179-8 — Lugar donde se encuentra la información: b/ gral. U. Andes
Tema asociado	Arquitectura Bogotá
Palabras clave	De la Rosa, Moisés — Bogotá — Colonia

Descripción física:
Pasta dura
Medidas: 28 x 22
350 páginas.
Imágenes en Blanco y negro.
Planos a escala (gráfica)

Contenido/ Resumen:

El libro de Moisés de la Rosa se publicó por primera vez en 1938 y en 1988 se editó una nueva publicación facsímilar.

El contenido del libro se refiere a la indagación sobre cada una de las calles que conformaron la ciudad durante los últimos años de la colonia. En cada una de las calles se hace una descripción que incluye datos anecdóticos e históricos de la ciudad.

La publicación cuenta con unos planos separados por los distintos barrios en los que se dividía la ciudad. Estos mapas a escala, dan cuenta de los nombres de las calles así como de algunos edificios.

No obstante el interés por las calles y barrios, al inicio del libro se incluye también un plano general de la ciudad en el que se aprecia la dimensión de la ciudad hacia finales del XVIII. El plano general es tomado del de Esquiaqui y Cabrer quienes dibujaron los dos primeros planos de la ciudad.

LINEA DEL TIEMPO

Palabras clave	Observatorios — Arquitectura Colonial — Petrés
Ciudad	Bogota — Nombre del proyecto: Observatorio Astronómico

Edificios construidos en la epoca del edificio estudiado	Imágenes de la ciudad o de los edificios	Año		Hechos históricos importantes
Iglesia de la tercera		1760	1770	Nace Fray Domingo de Petrés
Casa del Marqués de San Jorge		1770	1780	Terremoto en Santafé de Bogotá (1785)
Primer plano de Santafé de Bogotá		1780	1790	La ciudad de Bogotá, como era lo usual en las ciudades fundadas por los españoles durante la colonia, contaba con una plaza central a partir de la cual se organizaba el trazado.
Quinta de Bolívar		1790	1800	Bogotá, estaba enmarcada al norte y sur por dos rios: el San Agustín y el San Francisco. El Oriente lo custodiaban los cerros, de donde se obtenia también el agua y la leña para la combustión.
Construcción Observatorio		1800	1805	Una vez la ciudad llegó a su limite natural, empezó un acelerado crecimiento hacia el norte inicialmente, por donde llegaba el camino real que venia de Tunja y mas adelante su extensión se hizo también hacia el sur y occidente.
Catedral primada		1805	1810	Inicia Independencia de España

TRABAJO DE CAMPO

Palabras Clave	Observatorio — arquitectura Bogotá — Petrés
Proyecto	El Observatorio Astronómico — Fecha 15/08/2004

Observaciones/apuntes sobre:

En el trabajo de campo se hizo el levantamiento de las ultimas plantas.

DESARROLLO:

Observaciones:

Las plantas superiores de la torre son sin duda uno de los puntos mas complejos del edificio. El sistema de soporte es el que define el sistema espacial, basado en bóvedas que apoyan los entrepisos. El primero, cuarto del reloj, se apoya sobre la bóveda catalana del último tramo de la escalera, que se prolonga para recibir también el peso del entrepiso. El cuarto del reloj, por su parte, se apoya en la bóveda de cañón que cubre este espacio y que asegura un firme apoyo para la columna que recibe el peso del cilindro sobre el que está montado el telescopio. Por razones de limitación en la altura, el piso en el gabinete del telescopio es un entrepiso en madera apoyado en vigas , también de madera.
Recientemente se construyó una columna y una viga de concreto que sirve para soprtar el telescopio.

HOJA BANCO DE IMÁGENES

Proyecto	Observatorio Astronómico		
Tema asociado	Arquitectura colonial en Colombia		
Palabras clave	Bogotá	Observatorio astronómico	Fray Domingo de Petrés

Tipo: jpg
Tamaño: 3888x2592
Fuente: Toma en sitio marzo 06 Jorge Gamboa
Descripción: Remate de la cúpula metálica del observatorio donde se aprecia el telescopio.

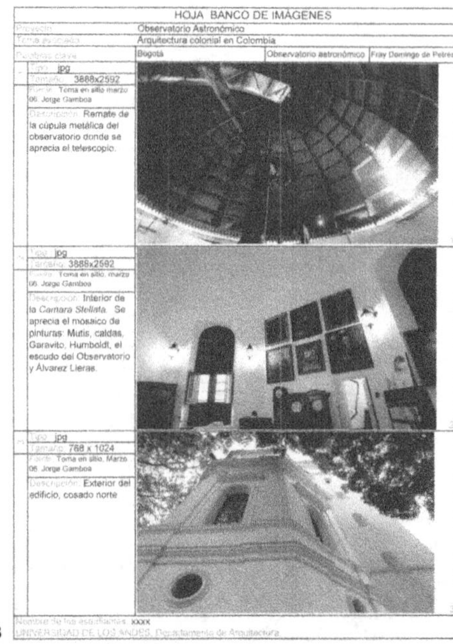

Tipo: jpg
Tamaño: 3888x2592
Fuente: Toma en sitio, marzo 06 Jorge Gamboa
Descripción: Interior de la Cámara Stellata. Se aprecia el mosaico de pinturas: Mutis, caldas, Garavito, Humboldt, el escudo del Observatorio y Álvarez Lleras.

Tipo: jpg
Tamaño: 768 x 1024
Fuente: Toma en sitio. Marzo 06 Jorge Gamboa
Descripción: Exterior del edificio, cosado norte

Nombre de los estudiantes: XXXX
UNIVERSIDAD DE LOS ANDES, Departamento de Arquitectura.

HOJA BANCO DE IMÁGENES

Proyecto	Observatorio Astronómico		
Tema asociado	Arquitectura colonial en Colombia		
Palabras clave	Bogotá	Observatorio astronómico	Fray Domingo de Petrés

Tipo: jpg
Tamaño: 1024 x 768
Fuente: Toma en sitio. junio 2004 archivo
Descripción: Remate de la cúpula metálica del observatorio

Tipo: jpg
Tamaño: 768 x 1024
Fuente: Toma en sitio. junio 2004
Descripción: Torre de la escalera y la cúpula del observatorio desde el sur oriente

Tipo: jpg
Tamaño: 768 x 1024
Fuente: Toma en sitio, junio 2004
Descripción: Ventana en una de las caras del octogono. Se aprecian las gárgolas en forma de cañón

Nombre de los estudiantes
UNIVERSIDAD DE LOS ANDES, Departamento de Arquitectura

GLOSARIO

A — ANTEPECHO

El antepecho de la terraza está rematado en cada una de sus aristas por unas piezas llamadas ediculas que según se cree, representan al edificio en sí mismo. El antepecho, por otra parte, es relativamente bajo aunque el muro resulta muy grueso y con una acusada pendiente hacia el exterior. La pesadez del muro, seguramente tiene que ver con la capacidad para resistir el empuje de la bóveda.

B — BÓVEDA

La bóveda del cuarto del reloj, es el remate de la caja de la escalera y al mismo tiempo el soporte de los pisos superiores. Sobre esta bóveda se apoya la columna que a su vez sostiene el peso del telescopio. Es interesante observar sin embargo que en la clave de la bóveda, se ha practicado un pequeño agujero que pudo servir en el fraguado de la columna.

C — CÚPULA

La cúpula actual del observatorio fue construida para reemplazar la anterior, seguramente construida por el propio Petrés. La ventaja de esta cúpula nueva es que además de ser mas ligera, permite la rotación 360 grados y cuenta con una apertura por donde el telescopio puede girar 90 grados

CH

D — DIAGRAMA

El diagrama de la escalera es una representación que no está a escala ni guarda necesariamente una proporción con la realidad, pero sirve para indicar el numero de tramos y de descansos que conforman el recorrido.

E — ESCALERA

La escalera se construye mediante bóvedas catalanas, que se apoyan en los muros de la torre y en el tramo inmediatamente anterior, constituyendo una unidad. La escalera sube aproximadamente 12 metros hasta la terraza y a partir de ahi, se conecta con una escalera mas estrecha que sube al cuarto del astrónomo y al telescopio.

Nombre de los estudiantes
UNIVERSIDAD DE LOS ANDES, Departamento de Arquitectura, Talleres de Historia 1 y 3 /2006

3. Representación

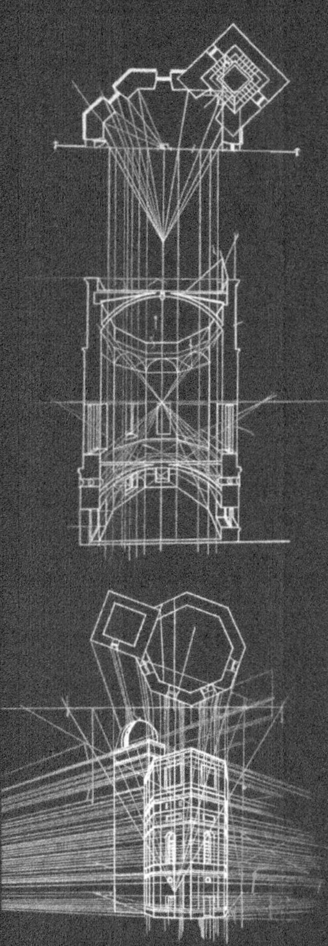

65. Corte fugado y perspectiva con dos puntos de fuga. Realizado por Julián Pérez.

En el presente estudio monográfico del Observatorio, uno de los capítulos más importantes es el de la representación. La importancia radica principalmente en dos aspectos: el primero tiene que ver con el proceso mismo, donde han intervenido estudiantes de arquitectura de primer semestre, quienes en repetidas ocasiones intentaron descifrar de la manera más precisa posible la configuración espacial del edificio desde sus partes, elementos y relaciones, contando con una información básica y la constatación a través de la observación directa. Este proceso constituyó la primera aproximación al edificio permitiendo identificar los principales problemas de representación y análisis, de una manera quizás muy general. Así, se llegó a saber, por ejemplo, como es la articulación de los volúmenes (escalera y cuerpo octogonal), el empate de las distintas cúpulas y bóvedas en los prismas regulares o bien que en el dibujo los planos de fachada del cuerpo octogonal no aparecen en verdadera magnitud. Fueron estos algunos problemas de representación, para cuya solución se hizo necesario acudir a los mecanismos de las proyecciones ortogonales.

El segundo aspecto que debe ser considerado particularmente significativo en este capítulo es el resultado como tal. Lo que aquí se consigna en términos de dibujo y maquetas, puede ser considerado como un aporte al entendimiento del edificio, ya que a la fecha los planos existentes resultan incompletos o imprecisos. No quiere esto decir que se esté presentando un resultado totalmente confiable y libre de incógnitas. Ya se indicó en el capítulo anterior cómo quedan todavía algunos datos por confirmar, para lo que se precisa de andamios y escaleras, que por razones de toda índole no pudieron ser empleados en esta oportunidad. Se llegó sin embargo a producir una base de dibujo suficientemente completa para cuando esta posibilidad se presente.

66. Boceto del Observatorio
Astronómico realizado
por Carlos Gil, estudiante
de primer año.

67. Boceto del Observatorio
Astronómico realizado
por Alessandra Morales,
(por entonces) estudiante
de primer año.

66

67

Así pues, los términos en los que se ha hecho la representación arquitectónica del Observatorio Astronómico, se basa en cinco recursos, que corresponden a su vez a las técnicas más comunes utilizadas en los talleres de dibujo en el primer año, y en los cursos avanzados de dibujo asistido por computador.

1   La observación directa a la escala arquitectónica se refiere a una primera fase en la que están incluidos los dibujos de boceto, los dibujos de croquis de levantamiento y las fotografías. Los tres son el resultado de detener la mirada en aspectos particulares del edificio para hacer registros tanto del ambiente externo que rodea el edificio como de las características espaciales y los detalles. El lápiz sobre la libreta es el encargado de captarlos para con esto construir una noción general del edificio a manera de primera observación.

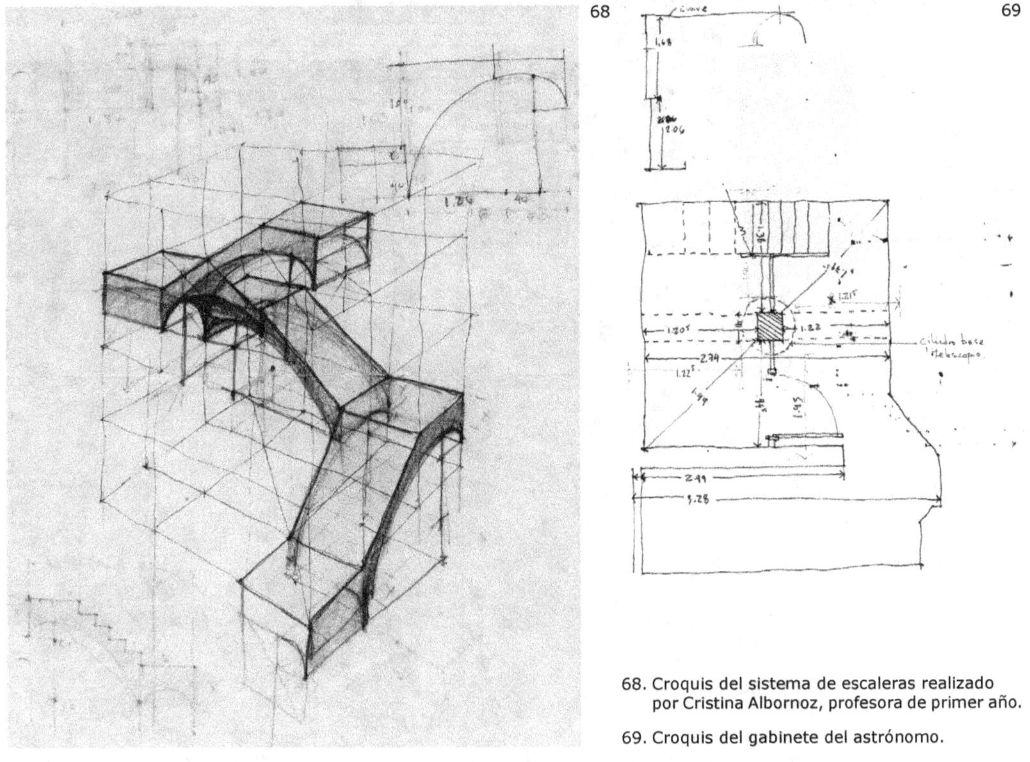

68. Croquis del sistema de escaleras realizado
por Cristina Albornoz, profesora de primer año.

69. Croquis del gabinete del astrónomo.

2   La fotografía en tanto sistema de representación de la realidad
es muy útil en la tarea de estudiar los edificios. Por una parte,
permite captar las condiciones presentes y por la otra, sirve
como argumento para indicar miradas particulares asociadas
al entorno, al espacio o bien a los detalles.

En el caso del Observatorio, la fotografía tuvo además de las
propiedades anteriormente mencionadas, la base sobre la
cual se pudo indagar acerca de las condiciones particulares
del edificio en su definición material y volumétrica, que, para la

70

74

71

72

73

75

70. Interior de la cúpula.
Fotografía de Jorge
Gamboa.

71. Puerta que da paso a la
terraza. Fotografía de
Jorge Gamboa.

72. Escalera. Fotografía de
Jorge Gamboa.

73. *Camara stellata*.
Fotografía de Jorge
Gamboa.

74. Exterior. Fotografía de
Jorge Gamboa.

75. Exterior. Fotografía de
Jorge Gamboa.

preparación de los planos resultó fundamental. Así, muchos de los detalles y puntos en los que aparecían dudas se resolvieron mediante las fotografías.

La mirada particular que se presenta es la del fotógrafo Jorge Gamboa. El estudio realizado muestra un acento en lo que para el constituyó el edificio y algunos de sus espacios interiores, que vistos a través de su lente y convertidos al blanco y negro, dan una idea general de las calidades espaciales.

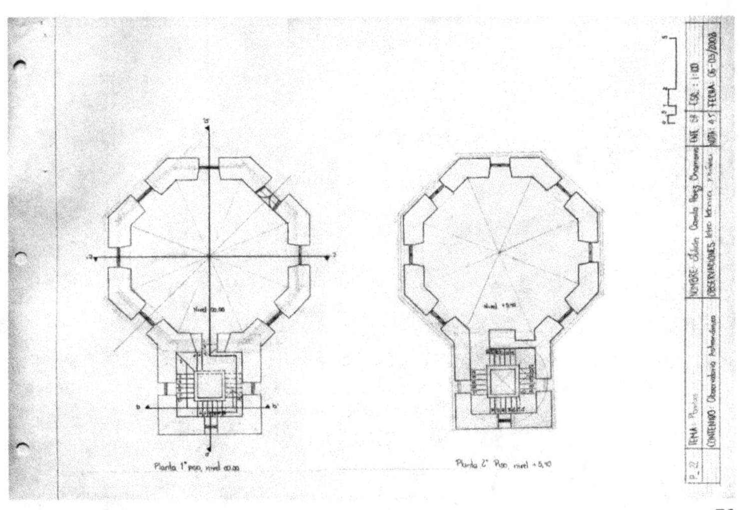

76

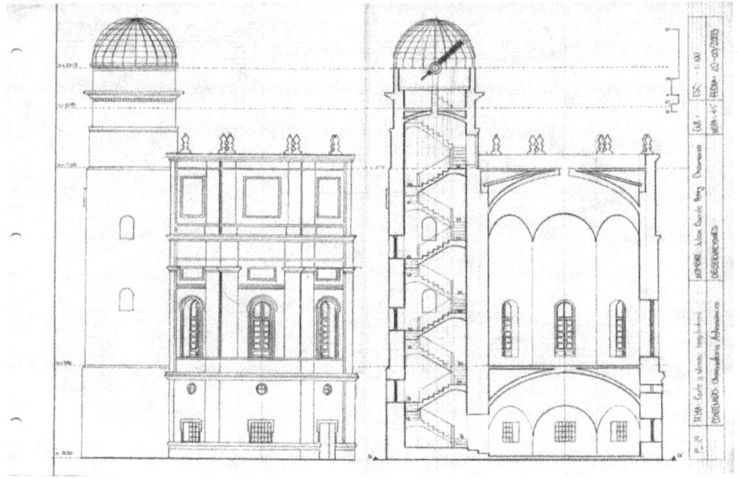

77

76. Plantas, salón bajo y *camara stellata*.

77. Fachada y corte longitudinal.

3 Los planos dibujados a lápiz mediante el procedimiento de las proyecciones ortogonales: las plantas, los cortes y fachadas son el motivo de esta serie, basada en los ejes y planos cartesianos X, Y y Z.

Este recurso incluye además las proyecciones tridimensionales para indicar las características volumétricas y espaciales del edificio, descritas mediante la axonometría, la perspectiva y el corte fugado.

78. Fachada y corte transversal.

79. Axonometría.

80. Corte fugado de la *camara stellata* y el salón bajo. Todos los dibujos han sido realizados por Julián Pérez, estudiante de primer año.

81. Perspectiva con dos puntos de fuga.

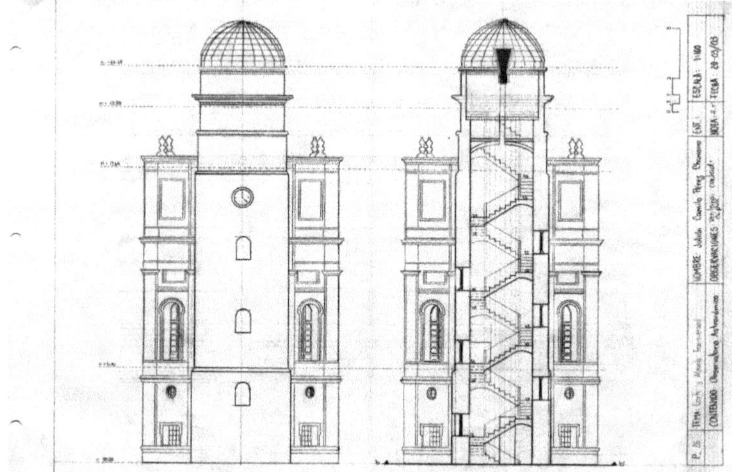

78

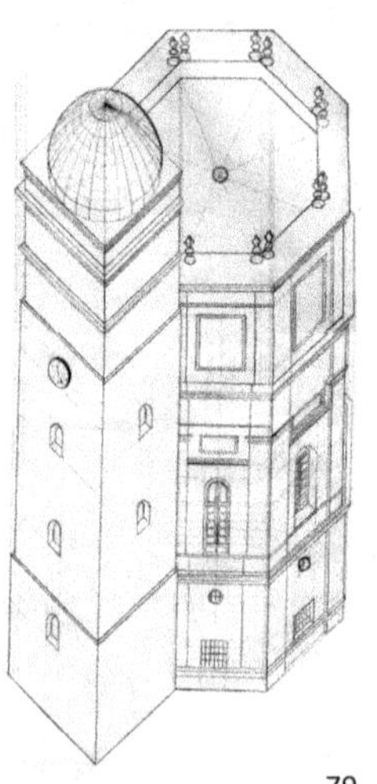

79

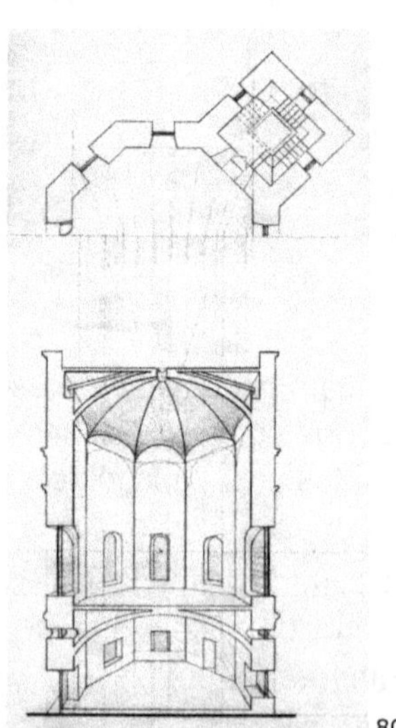

80

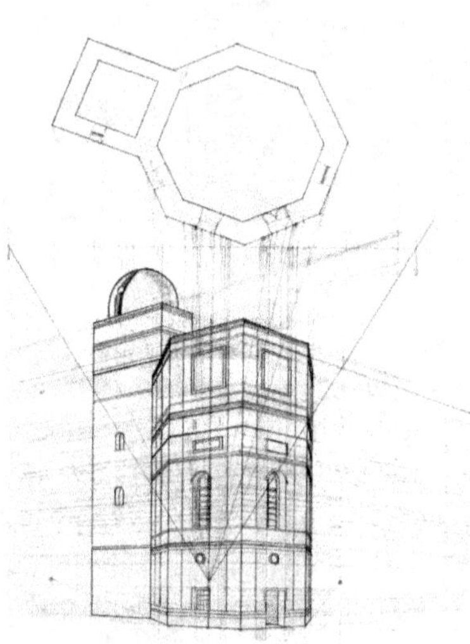

81

4 Las maquetas: estas pueden ser volumétricas, en las que no se considera el espacio interior y en cambio sí, el volumen del edificio para ser apreciado el exterior, **84**. Otras, son las maquetas que intentan exploraciones del interior y para esto se acude al corte, donde se pueda entender tanto el interior como el exterior. Por último, se pueden construir maquetas a partir de las partes y los elementos de manera que sea posible entender como está compuesto el edificio, y según la escala, también, se puede tener una noción de la calidad del espacio interior, **82-83**.

82

83

84

82 y 83. Maqueta final despiezada en cuerpos y partes. Realizada por Paula Valcárcel, estudiante de cuarto año.

84. Maqueta volumétrica realizada por Nicolás Coral, estudiante de primer año.

5 El dibujo asistido por computador (CAD). Con este medio se puede generar una representación completa del edificio, en las diferentes escalas, tanto bidimensionales como tridimensionales. En el primer caso, se construyen las proyecciones básicas, como son plantas, cortes y fachadas que pueden ser impresas en cualquier escala. En el segundo caso, 85, se parte por construir un modelo que permite ser manipulado para obtener vistas tanto externas como internas del edificio y lograr al mismo tiempo una simulación de los efectos de la luz sobre las superficies de la construcción, así como la posibilidad de hacer una separación de sus distintas partes, componentes y elementos, como se verá en el capítulo siguiente, dedicado al análisis.

En términos de los planos, la primera serie corresponde a los planos urbanos: esto es la localización en escala geográfica y escala del sector, lo que supone considerar el edificio en su contexto más amplio y no como un elemento aislado y ajeno a las transformaciones sucedidas en la ciudad. Lograr esto supone reunir la información suficiente y necesaria para producir una versión ajustada a lo que se quiere indicar. Es evidente que la cartografía, como cualquier discurso, es susceptible de interpretaciones, y en este sentido se quiso ilustrar el estado de la ciudad a comienzos del siglo XIX, en la escala regional, es decir incluyendo el entorno natural de la ciudad, 87. Para esto, se utilizó el plano elaborado por Carlos Francisco Cabrer en el que aparecen las manzanas construidas, los caminos de acceso así como los cuerpos de agua. Esta información se complementó con los planos del crecimiento de la ciudad desde su fundación hasta finales del siglo XX, con el fin de indicar cómo estos terrenos aledaños a la ciudad se fueron ocupando.

El segundo plano urbano, 88, corresponde a la ciudad en su conjunto, también a comienzos del siglo XIX. Aquí, nuevamente el plano de Carlos Francisco Cabrer fue determinante así como el plano del ingeniero Domingo Esquiaqui y las descripciones contenidas en diversos textos con las que se logró hacer un plano que incluyera muchos niveles de información. Niveles o capas que complementan el plano, en las que se desagrega lo siguiente: la ocupación, basada en el plano de blanco y negro; el sistema de espacio público que por tratarse de una ciudad eminentemente peatonal incluye las plazas y las calles; las preexistencias geográficas como son los ríos y la topografía; la división administrativa, que indica la organización de las parroquias y los barrios de la ciudad, y finalmente los edificios más significativos de la ciudad, que a comienzos del XIX correspondían a los conventos, las iglesias y sedes de gobierno. También se hace una comparación de alturas de algunas de las principales construcciones presentes en la ciudad hacia 1803, para establecer una comparación directa.

El tercer plano es el del sector, 89. Para esto, se acudió a diversas fuentes, pero la base del dibujo se tomó del libro titulado Calles de Santa fe de Bogotá, escrito por Moisés de la Rosa. El propósito con este dibujo es llegar a un entendimiento de la manzana en la que fue construido el Observatorio, y de las manzanas circundantes. Para complementar esta información básica se incluyeron además los proyectos y realizaciones ocurridas en estas manzanas, que en conjunto definen el centro de la ciudad y así mismo el centro de los poderes que rigen la nación.

La segunda serie de planos corresponde a los arquitectónicos, 90-101, en los que se acude a los términos de las convenciones arquitectónicas para explicar las características fundamentales del edificio en lo que se refiere a sus dimensiones y materiales. Este es el tipo de representación que por su "objetividad", es decir por estar regido a unas convenciones, es el más utilizado.

85. Imágenes tomadas del modelo 3D realizado en AutoCad
    v.2007 y 3D Viz v.2007. Autor Julián Camilo Pérez.

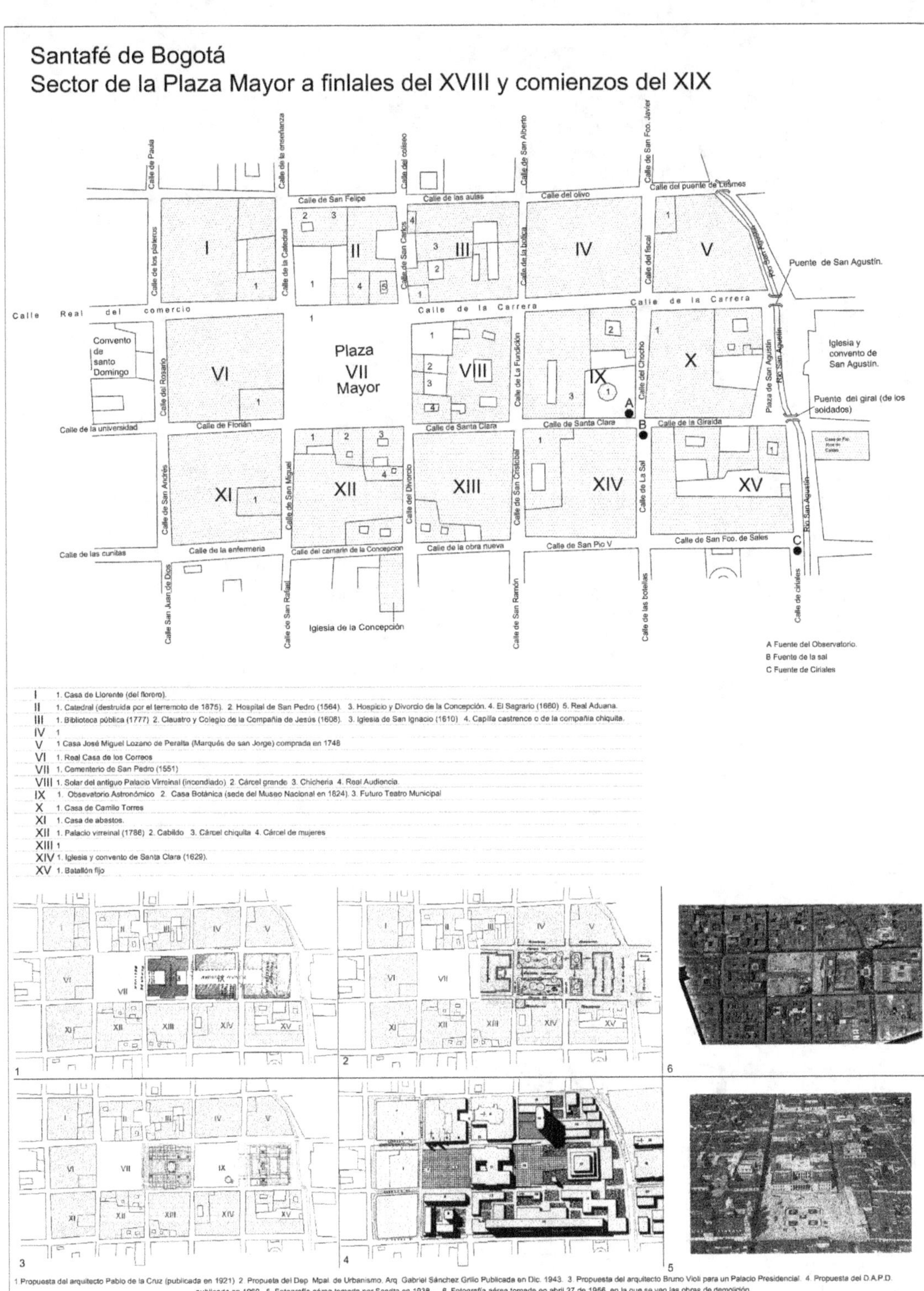

Observatorio Astronómico de Bogotá.
Fray Domingo de Petrés (1759 - 1811)   1802 - 1803   ESCALA   PLANO DEL SECTOR CON PROYECTOS NO REALIZADOS EN LA MANZANA Y MANZANAS VECINAS.

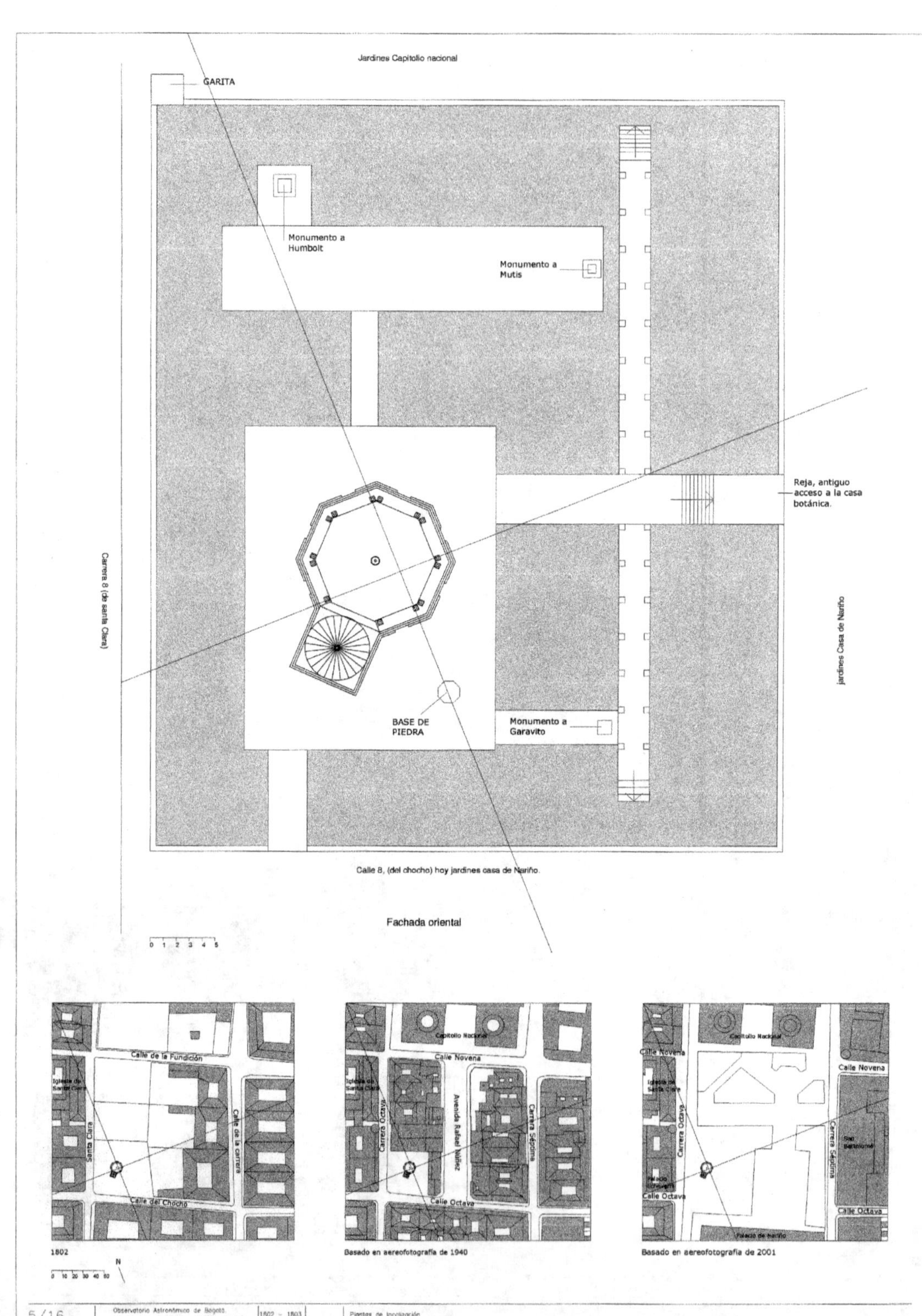

5/16 | Observatorio Astronómico de Bogotá. Fray Domingo de Petrés (1759 – 1811) | 1802 – 1803 | Plantas de localización

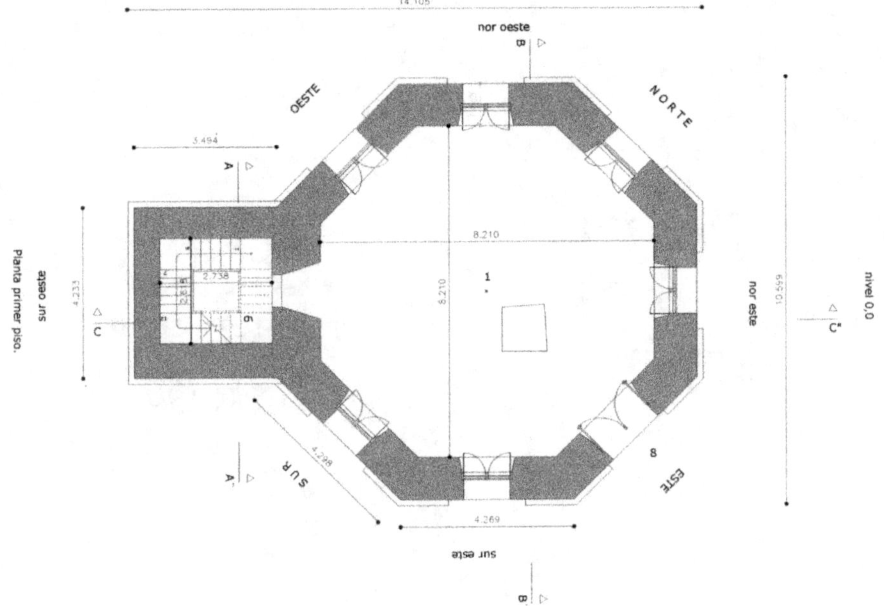

1. Salón Bajo. 2.Cámara Stellata. 3.Cuarto del reloj. 4.Cuarto del astrónomo. 5. Telescopio. 6. Vacío escalera. 7. Cúpula metálica. 8.Acceso. 9.Terraza. 10.Gnomon Solar. 11.Engranaje giratorio.

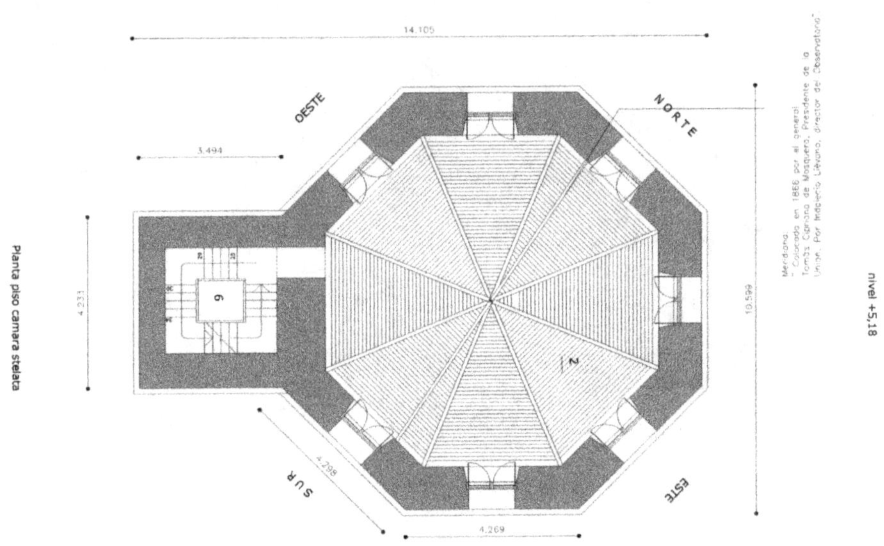

Observatorio Astronómico de Bogotá.
Fray Domingo de Petrés (1759 – 1811) | 1802 – 1803 | 1:75 | Plantas niveles 0.00 y 5.20 (camara stellata)

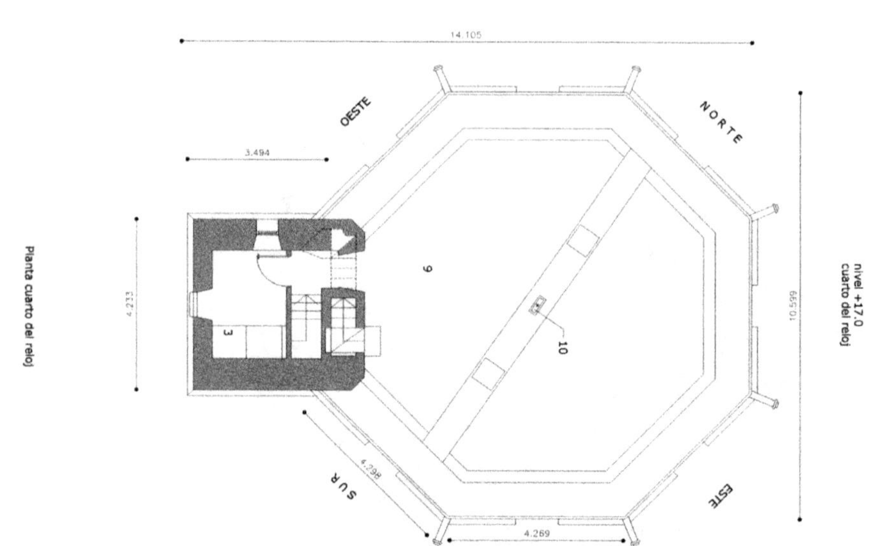

1. Salón Bajo. 2.Cámara Stellata. 3.Cuarto del reloj. 4.Cuarto del astrónomo. 5. Telescopio. 6. Vacío escalera. 7. Cúpula metálica. 8.Acceso. 9.Terraza. 10.Gnomon Solar. 11.Engranaje giratorio.

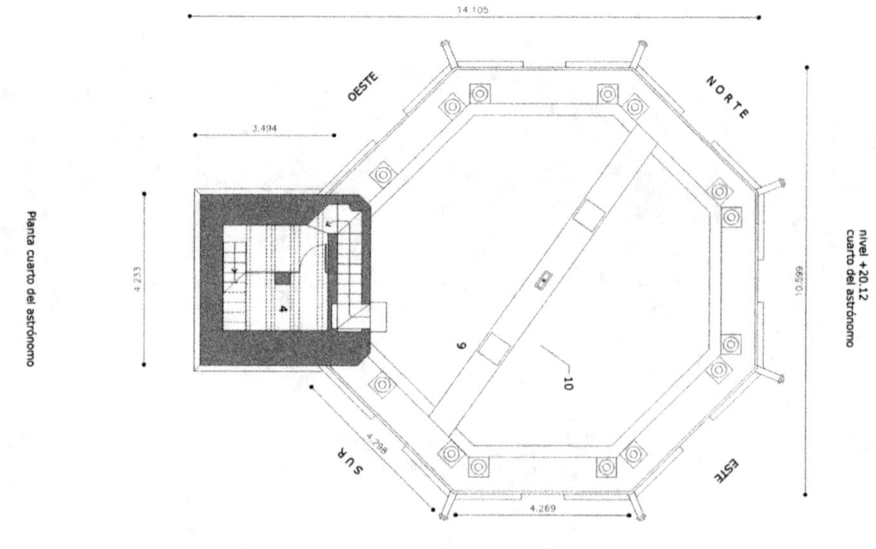

Observatorio Astronómico de Bogotá.
Fray Domingo de Petrés (1759 - 1811)   1802 - 1803   1:75   Plantas nivel 16.36 (reloj - terraza) y 19.28 (astrónomo)

0   1   3   5

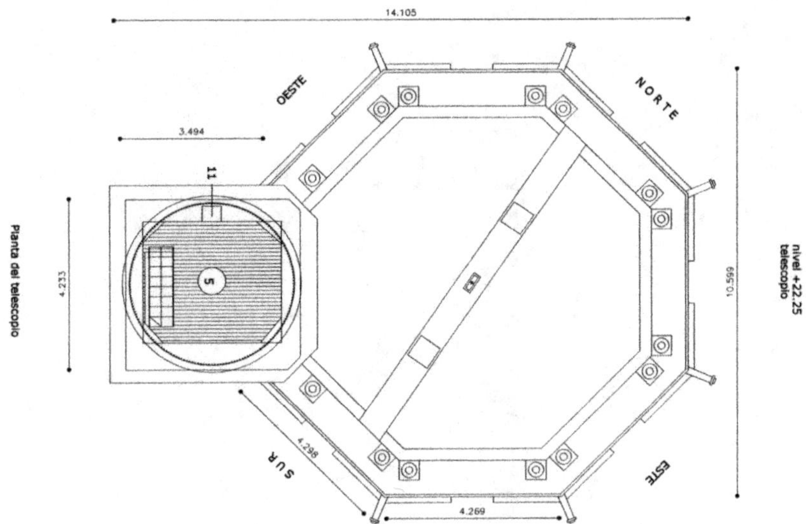

1. Salón Bajo. 2.Cámara Stellata. 3.Cuarto del reloj. 4.Cuarto del astrónomo. 5. Telescopio. 6. Vacío escalera. 7. Cúpula metálica. 8.Acceso. 9.Terraza. 10.Gnomon Solar. 11.Engranaje giratorio.

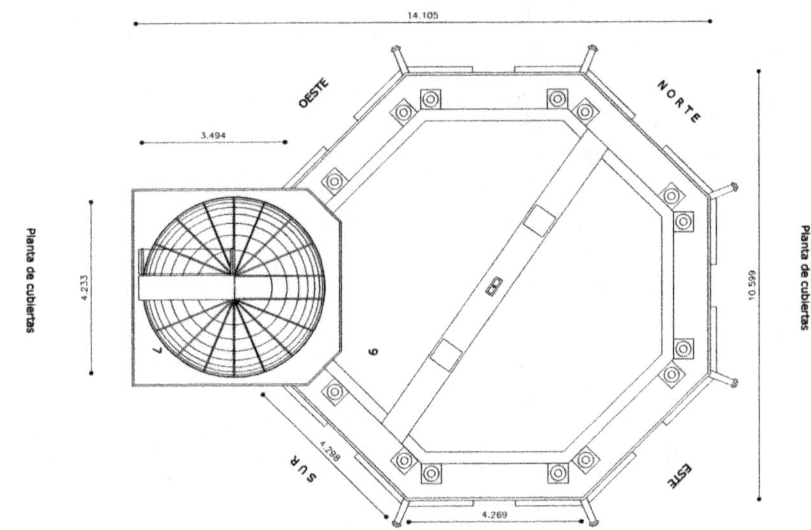

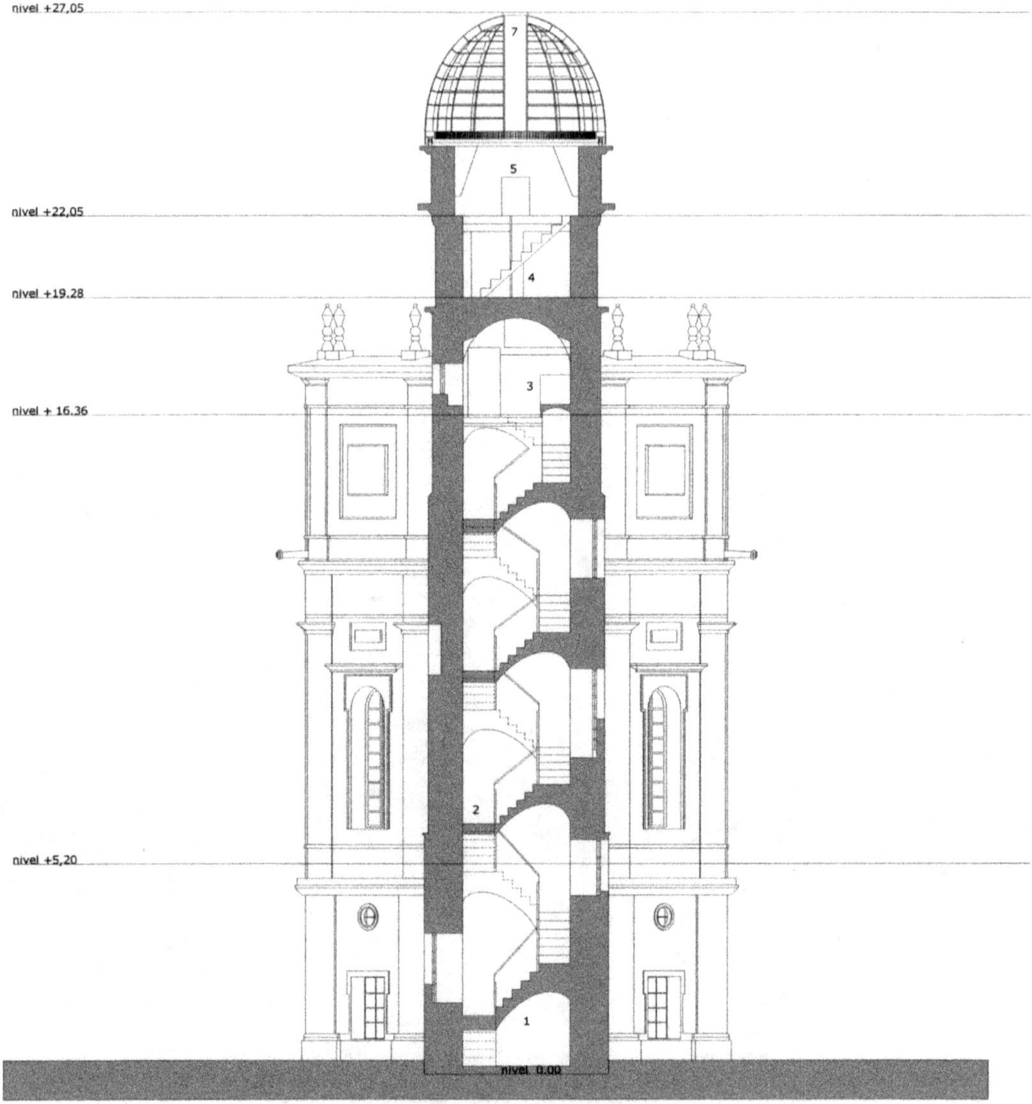

Corte A - A   por la caja de la escalera

Observatorio Astronómico de Bogotá.
Fray Domingo de Petrés (1759 - 1811)   1802 - 1803   1:75   Corte transversal a - a

94

1. Salón Bajo. 2.Cámara Stellata. 3.Cuarto del reloj. 4.Cuarto del astrónomo. 5. Telescopio. 6. Vacío escalera. 7. Cúpula metálica. 8.Acceso. 9.Terraza. 10.Gnomon Solar. 11.Engranaje giratorio.

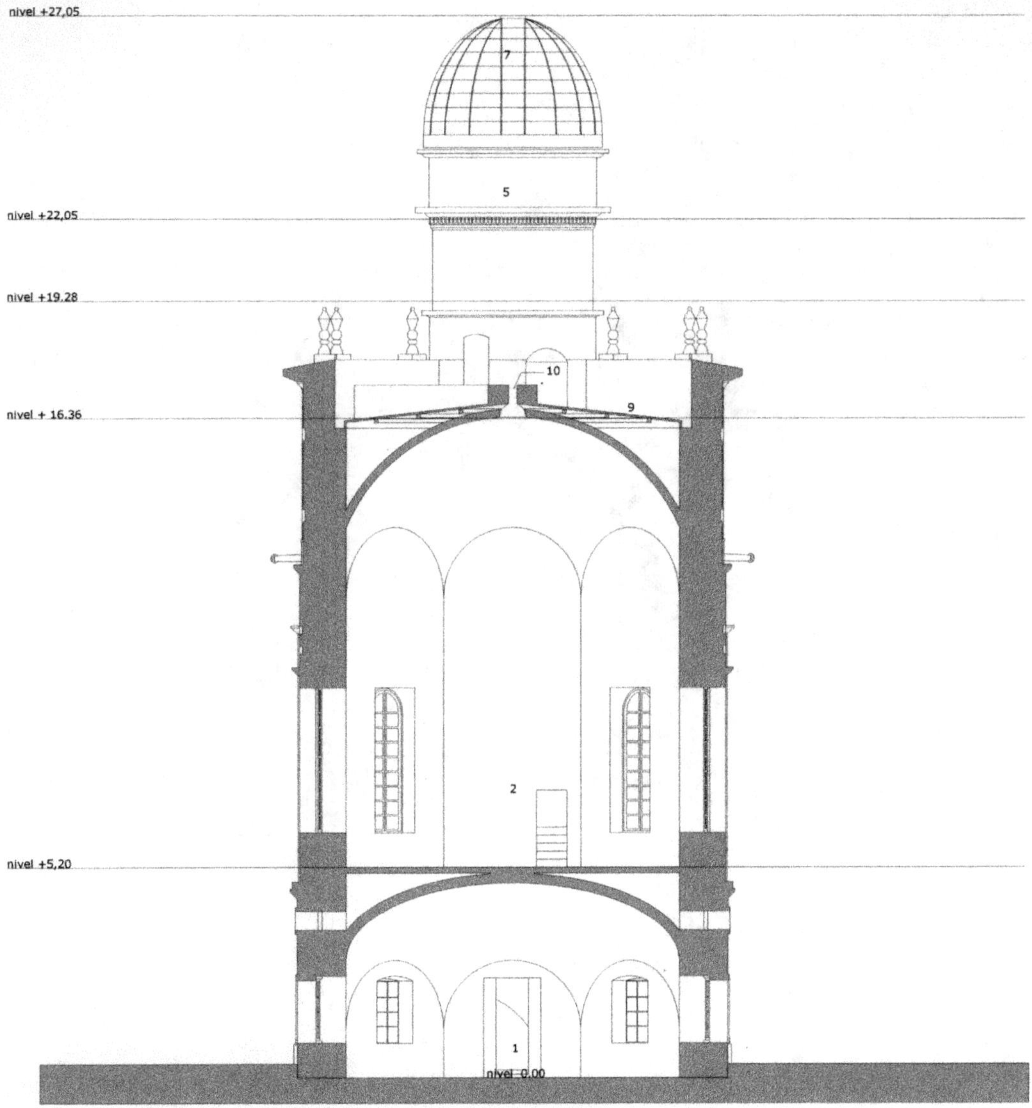

nivel +27,05

nivel +22,05

nivel +19.28

nivel + 16.36

nivel +5,20

nivel 0.00

Corte B - B Por el cuerpo octoconal

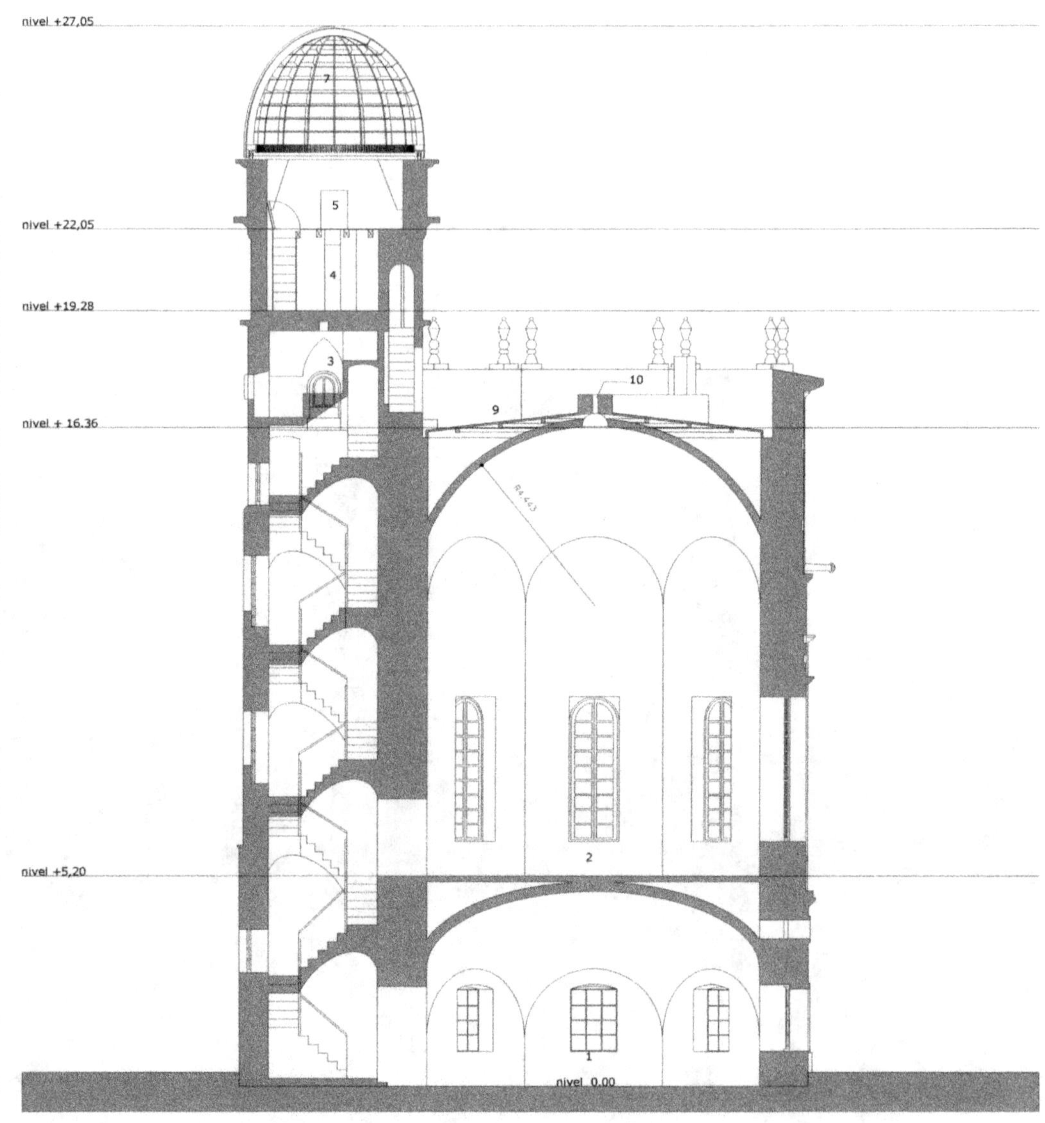

1. Salón Bajo. 2.Cámara Stellata. 3.Cuarto del reloj. 4.Cuarto del astrónomo. 5. Telescopio. 6. Vacío escalera. 7. Cúpula metálica. 8.Acceso. 9.Terraza. 10.Gnomon Solar. 11.Engranaje giratorio.
nivel +27,05
nivel +22,05
nivel +19.28
nivel + 16.36
nivel +5,20
nivel 0.00
7
5
4
3
10
9
2
1
Corte C - C Por el cuerpo octoconal y la escalera
11/16
Observatorio Astronómico de Bogotá
Fray Domingo de Petrés (1759 - 1811)
1602 - 1803
1:75
Corte longitudinal c - c

1. Salón Bajo. 2.Cámara Stellata. 3.Cuarto del reloj. 4.Cuarto del astrónomo. 5. Telescopio. 6. Vacío escalera. 7. Cúpula metálica. 8.Acceso. 9.Terraza. 10.Gnomon Solar. 11.Engranaje giratorio.

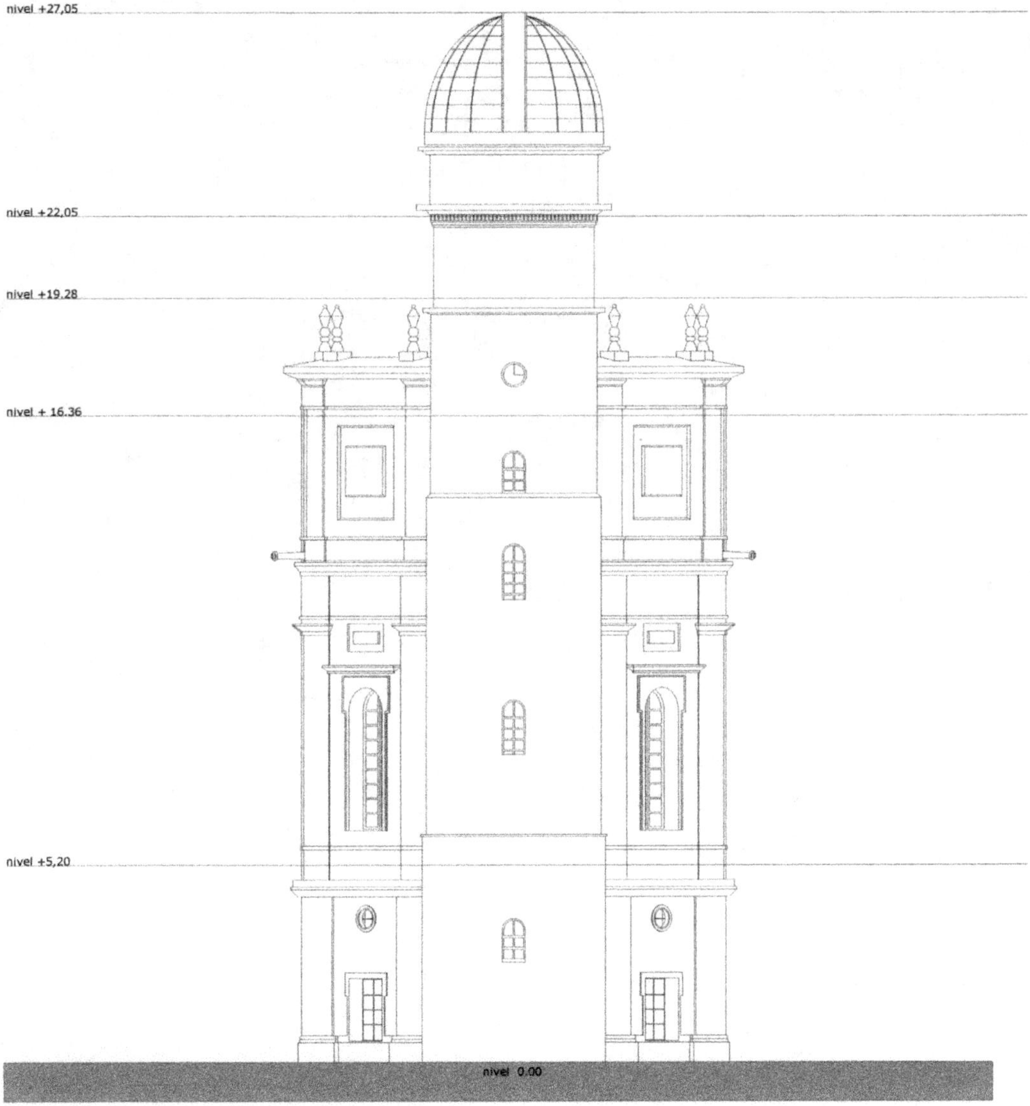

nivel +27,05

nivel +22,05

nivel +19.28

nivel + 16.36

nivel +5,20

nivel 0.00

fachada sur occidental

12/16 Observatorio Astronómico de Bogotá. Fray Domingo de Petres (1759 - 1811) 1802 - 1803 1:75 Fachada sur oeste

0 1 3 5

1. Salón Bajo. 2.Cámara Stellata. 3.Cuarto del reloj. 4.Cuarto del astrónomo. 5. Telescopio. 6. Vacío escalera. 7. Cúpula metálica. 8.Acceso. 9.Terraza. 10.Gnomon Solar. 11.Engranaje giratorio.

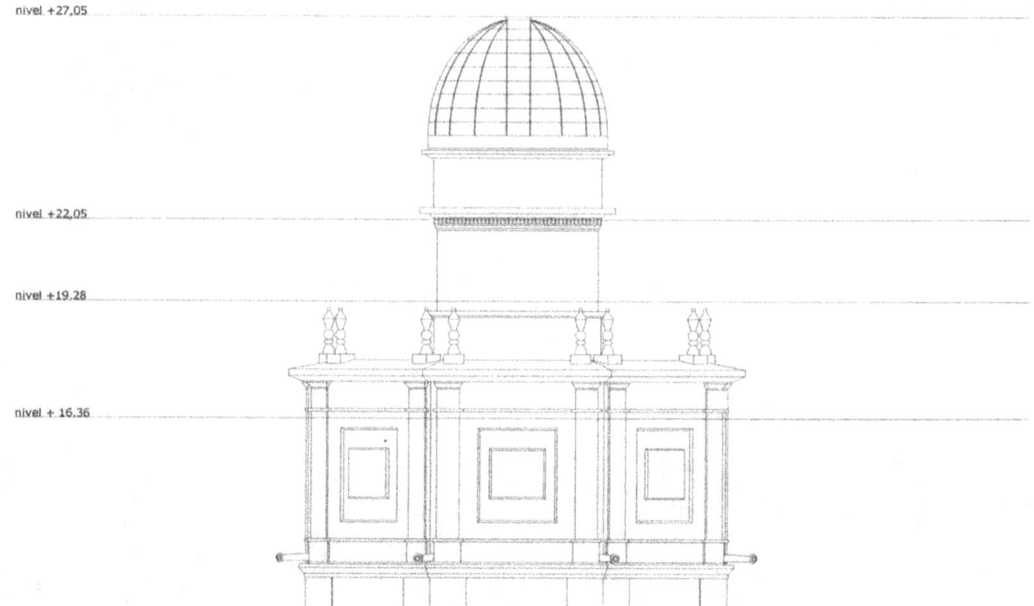

nivel +27,05

nivel +22,05

nivel +19.28

nivel + 16.36

nivel +5,20

nivel 0.00

Fachada nor oriental

Observatorio Astronómico de Bogotá.
Fray Domingo de Petrés (1759 – 1811)

1802 – 1803 1:75

Fachada nor – este

0   1   3   5

1. Salón Bajo. 2.Cámara Stellata. 3.Cuarto del reloj. 4.Cuarto del astrónomo. 5. Telescopio. 6. Vacío escalera. 7. Cúpula metálica. 8.Acceso. 9.Terraza. 10.Gnomon Solar. 11.Engranaje giratorio.

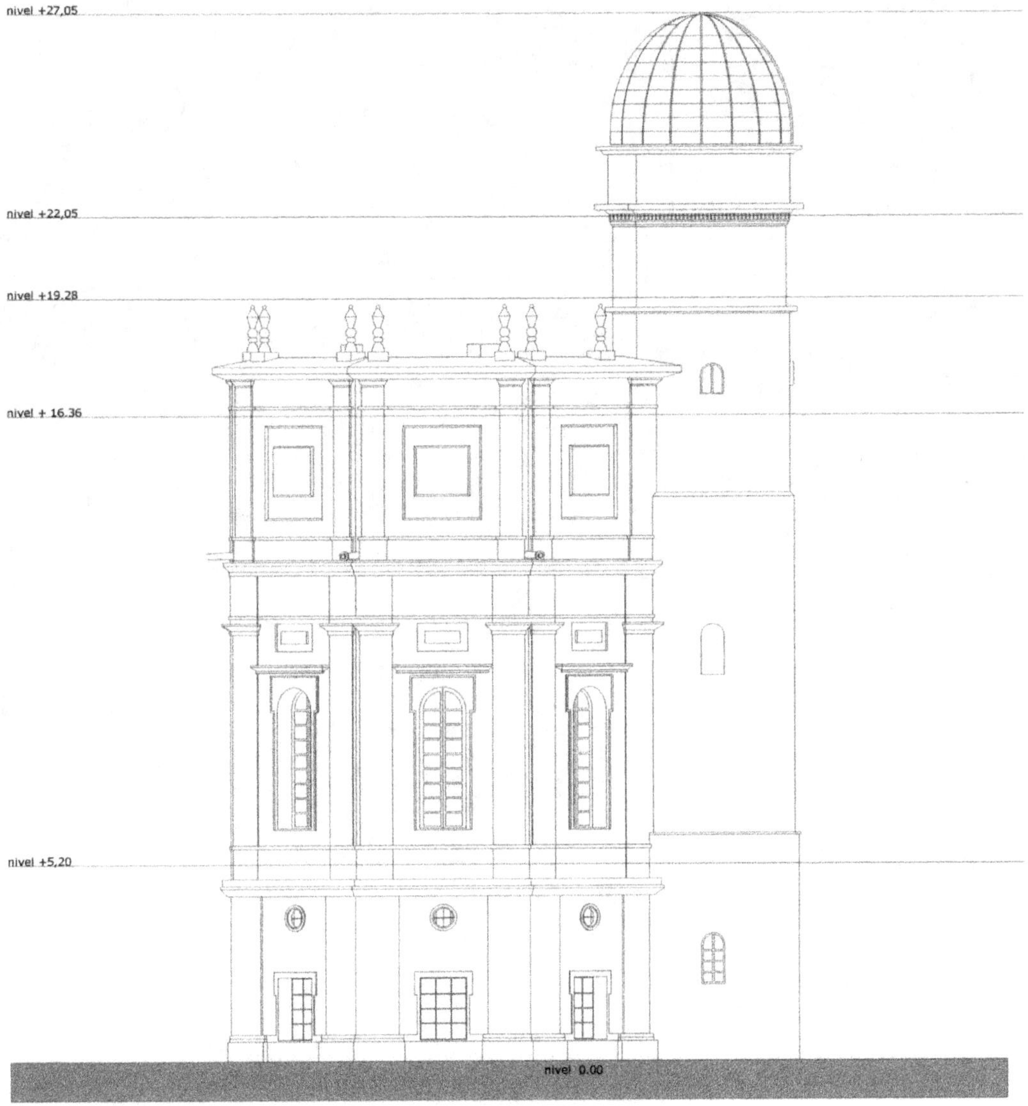

1. Salón Bajo. 2.Cámara Stellata. 3.Cuarto del reloj. 4.Cuarto del astrónomo. 5. Telescopio. 6. Vacío escalera. 7. Cúpula metálica. 8.Acceso. 9.Terraza. 10.Gnomon Solar. 11.Engranaje giratorio.

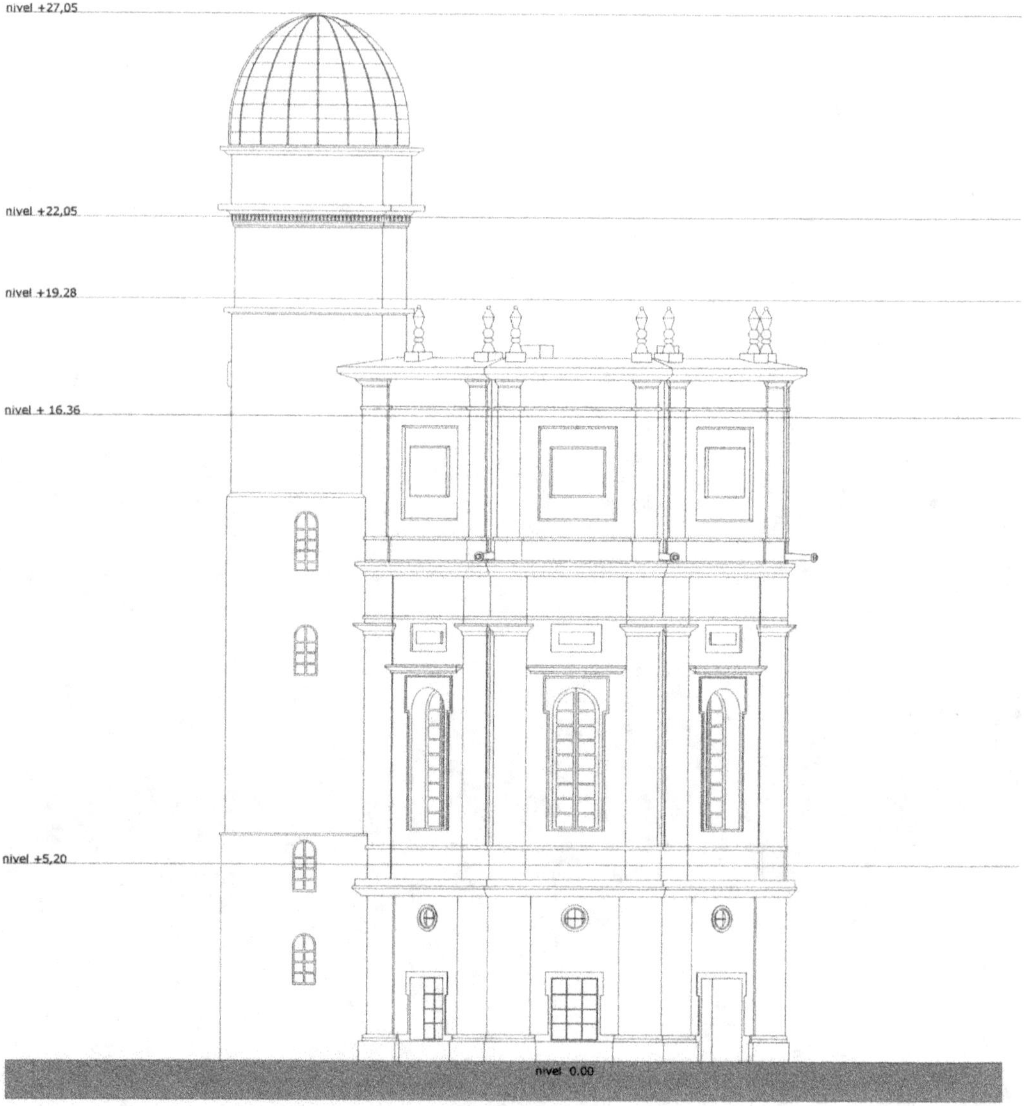

nivel +27,05
nivel +22,05
nivel +19.28
nivel + 16.36
nivel +5,20
nivel 0.00

15/16
Observatorio Astronómico de Bogotá
Fray Domingo de Petrés   (1759 – 1811)
1802 – 1803   1:75
Fachada sur este

0   1   3   5

16/16
Observatorio Astronómico de Bogotá.
Fray Domingo de Petrés (1759 - 1811)
1802 - 1803 1:75
Axonometría
0 1 3 5

4. Análisis

Gabinete del telescopio.
Cuarto del Astrónomo
Cuarto del reloj

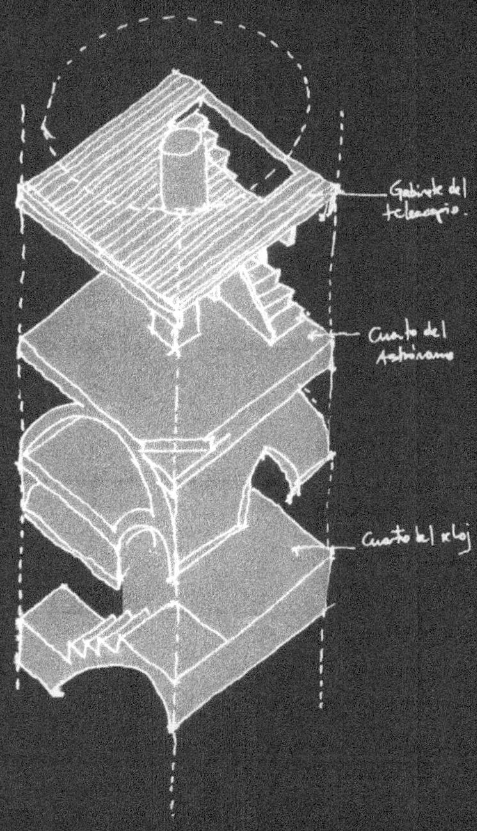

102. Tres últimos recintos de la torre.

En este momento es preciso hacer las preguntas que permitan entender algunos asuntos esenciales referentes al edificio, luego de su puesta en un contexto general, de haber adelantado la tarea de documentar las evidencias y los indicios disponibles y luego de realizar una descripción en los términos propios de la representación arquitectónica. Ahora, lo importante es entender el edificio como hecho único y a su vez como un elemento que establece una relación recíproca con la ciudad, en tanto que ocupa un lugar en el contexto urbano y en este sentido tiene la capacidad de determinar y ser determinado. Pero también, es fundamental llegar al entendimiento del edificio como resultado de las modificaciones sucedidas en el tiempo, es decir, a la alternancia entre lo permanente y lo variable, que son los dos extremos que marcan la vida de una ciudad.

Las preguntas para acercarse a esta doble lectura entre lo permanente y lo variable se refieren a su vez a tres escalas de aproximación: la primera es la escala geográfica, que implica considerar las etapas de crecimiento de la ciudad; la segunda es la escala del sector, donde se incluyen las transformaciones ocurridas alrededor del edificio; y la tercera, se concentra en la definición arquitectónica particular. Así pues, las tres preguntas a partir de las cuales se hará un examen del Observatorio son presentadas desde lo más general a lo más particular (sin que esto signifique que el orden no pueda ser alterado). Estas tres preguntas o aproximaciones son:

¿Dónde está el edificio?

Responder esta pregunta —simple en apariencia— supone, en una primera instancia, indagar sobre la región y la ciudad, pero también sobre el tiempo, el momento histórico en el que el edificio fue construido, así como las transformaciones sucedidas de este punto en adelante. En este aparte, por tanto, el propósito es verificar cómo ha crecido la ciudad y cómo, en las distintas fases de su crecimiento ha estado ubicado el edificio, rodeado de circunstancias que necesariamente han transformado su significado.

Para esto, es indispensable hacer una consideración acerca de las condiciones geográficas y ambientales de la ciudad, con el fin de entender el contexto general en el que está ubicado el edificio y también verificar cómo éstas variables han podido incidir en su definición, uso y forma.

La topografía de la ciudad en el sector que ocupa el núcleo fundacional es relativamente plana, con una pendiente suave que se extiende en dirección oriente-occidente en una planicie que se conoce como la Sabana de Bogotá. El costado occidental está conformado por una cadena de montañas relativamente bajas que cae bruscamente hasta el valle del río Magdalena. El costado oriental, más próximo, está flanqueado por unos cerros, que son referencia obligada en todo momento. La vecindad a estos cerros produce lluvias en los meses de abril y octubre y nubosidad permanente durante casi todo el año, acompañada de brisas muy suaves que suelen ser más fuertes en el mes de agosto. Esto, sumado a la actual contaminación atmosférica y lumínica, constituye, sin duda, un impedimento casi permanente para las observaciones astronómicas. Impedimento que se contrarresta al considerar las condiciones de altitud y latitud, que, según explica Caldas, hacen que las observaciones desde este edificio sean más nítidas y tengan un encuadre definitivamente distinto del que se logra desde los observatorios europeos[71].

La hidrografía de la Sabana de Bogotá está conformada por un sistema de humedales, quebradas, ríos de tamaño intermedio y por el río Bogotá, que corre en dirección norte-sur, donde todos

[71] Dice Caldas a este propósito: "Dueño de ambos hemisferios, todos los días se representa el cielo con todas sus riquezas. Colocado en el centro de la zona tórrida ve dos veces al año el cielo en su cenit, y los trópicos casi a la misma elevación. Establecido sobre los Andes ecuatoriales a una prodigiosa elevación sobre el Océano, tiene poco que temer a la inconstancia de las refracciones, ve brillar a las estrellas sobre un azul subido, lo que de él no tiene idea el astrónomo europeo".

estos afluentes y cuerpos de agua tienen su destino. En los planos de la ciudad de finales del siglo XVIII se pueden apreciar los distintos molinos ubicados en la periferia que sin duda aprovechaban la fuerza hidráulica, lo que también da cuenta de una importante actividad económica asociada a la agricultura, en una ciudad que hasta finales del siglo XIX basó su economía en este sector.

La disponibilidad de recursos para la construcción ha sido relativamente variada en el entorno inmediato ya que se encontraban maderas de buena calidad y resistencia (robles y encenillos), fibras vegetales, piedra de varios tipos, arenas y arcillas. Materiales que empleaban los indígenas y con la llegada de los españoles comenzaron a ser tratados de manera distinta, adaptándose a los requerimientos de la nueva arquitectura. Aquí, nuevamente, los planos de finales del siglo XVIII resultan reveladores en cuanto mencionan la existencia de tejares (chircales) de donde salía el ladrillo y la teja para las construcciones.

El plano (1) de la región inmediata al núcleo histórico se basó en uno de los primeros levantamientos existentes de la ciudad. Este plano fue dibujado por Francisco Cabrer[72] en 1795, y entre muchos datos incluye los principales caminos de acceso y salida de la ciudad: por el norte está el camino que conduce a Tunja y a Zipaquirá donde se encuentra esa enorme montaña de sal, indispensable para la conservación de la carne, utilizada además como forma de pago durante la Colonia[73]. Al occidente, el camino que inicia a lo largo de la alameda de Fontibón y lleva a Honda, último puerto navegable sobre el río Magdalena y por tanto parada obligada para cualquier viajero. Al oriente, el camino a Choachí y el de Fómeque, dos poblados ubicados detrás de los cerros orientales. Y hacia el sur, se puede ver el trazado del camino que conduce al poblado de Soacha, uno de los poblados indígenas más grandes que existieron en la Sabana.

[72] Francisco Cabrer, que, como quedó dicho en el primer capítulo, fue el ingeniero militar encargado de elaborar un plano completo de Santa fe y su región circundante.

[73] La palabra "salario" deriva del latín *salarium*, y en tiempos de la Colonia designaba la ración de sal entregada a cambio de las jornadas de trabajo en faenas agrícolas, mineras y otras, y, por tanto, se consideraba un estipendio.

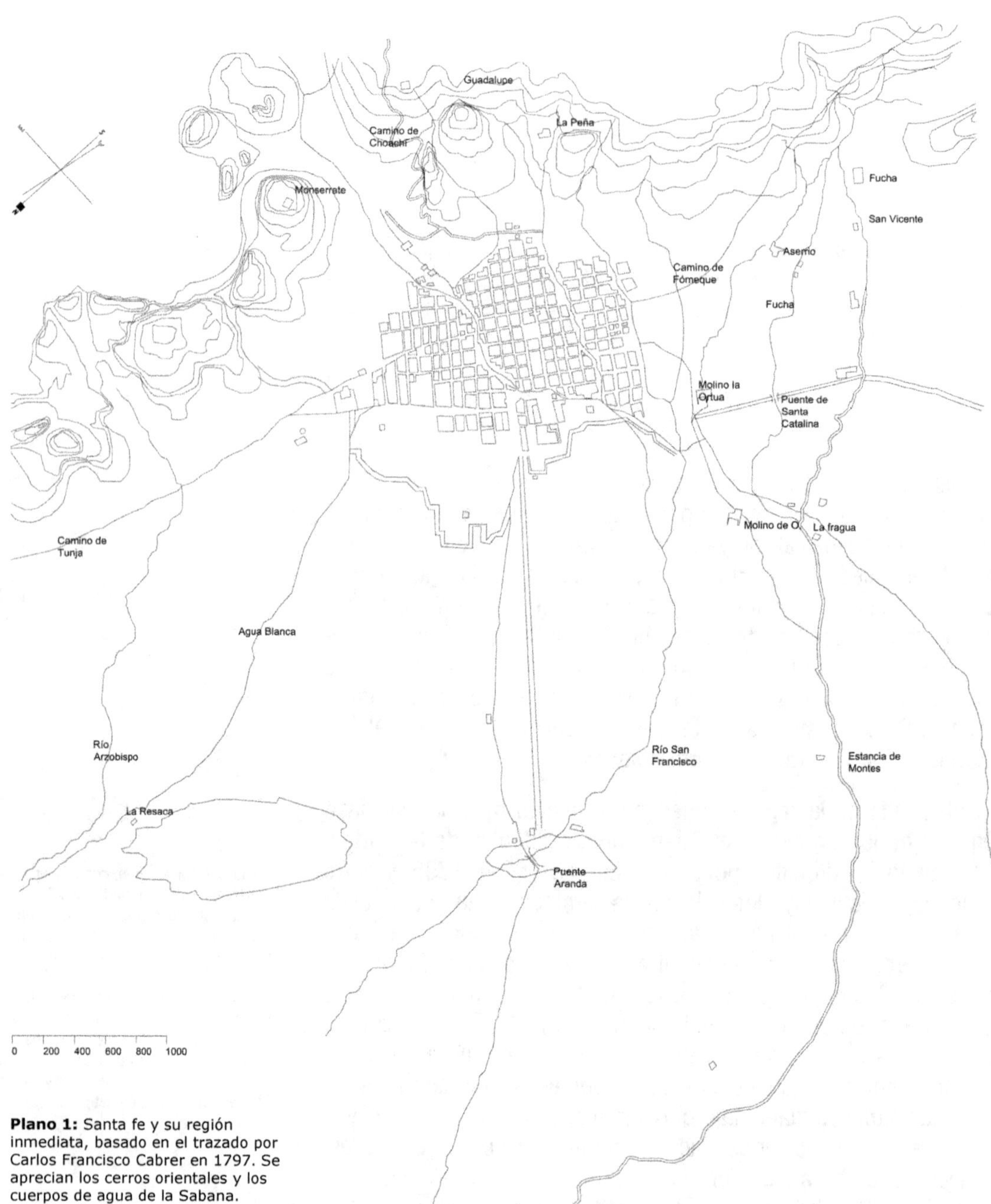

Plano 1: Santa fe y su región inmediata, basado en el trazado por Carlos Francisco Cabrer en 1797. Se aprecian los cerros orientales y los cuerpos de agua de la Sabana.

A partir de los planos expuestos[74] (1.1 a 1.6, en los que el Observatorio se ha mantenido como punto fijo de referencia) se puede verificar la forma y proporción en que ha crecido la ciudad ocupando la región circundante. En un comienzo y por un largo tiempo, la ciudad estuvo compuesta por algunas manzanas alrededor de la Plaza Mayor (plano 1.1), situación que permaneció así durante la Colonia, cuando aumentó la densidad pero no la cantidad de manzanas. A finales del siglo XVII (plano 1.2) se aprecia ya un crecimiento equivalente hacia el sur y el norte desde el centro, conservando en ambos casos la continuidad de las manzanas y de algunas de las vías que por entonces contaban con puentes que posibilitaban el acceso a la ciudad: se pueden contar cerca de siete puentes al final del siglo XVIII que hicieron de estas vías las más desarrolladas en términos comerciales.

Durante la primera parte del siglo XIX (planos 1.3 y 1.4) la tendencia se mantiene, aumenta la conectividad con el centro y la ciudad sigue creciendo proporcionalmente en sus flancos sur, occidente y norte, ocupando los terrenos de haciendas, como se puede verificar en los planos de la época. En sentido norte a sur los terrenos ocupados por la ciudad son: Segovia, San Façon, La Fragua, Estancia Montes, La Estanzuela, La Hortúa y Fucha. Nombres que se mantienen todavía para designar barrios de la ciudad contiguos al centro.

A finales del siglo XIX (plano 1.5) la población de Chapinero empieza a conectarse con el centro y esto marca una tendencia definitiva de crecimiento hacia el norte que produce en los años siguientes una forma casi lineal (plano 1.6). Más adelante, ésta empieza a cambiar a partir de la ocupación de los terrenos hacia el sur y el occidente hasta llegar al límite natural que impone el río Bogotá.

[74] El plano 1.1 se basa en la reconstrucción del plano de 1539 según Carlos Martínez; el plano 1.2, en el dibujado por Carlos Francisco Cabrer de 1797; el plano 1.3, en el topográfico realizado por Agustín Codazzi y algunos de sus alumnos; el plano 1.4, en la xilografía con la sectorización parroquial; el plano 1.5, en el plano topográfico de Carlos Clavijo de 1891; el 1.6, en el plano de Bogotá de 1944.

Plano 1.1: 1539
Plano 1.2: 1797
Plano 1.3: 1823
Plano 1.4: 1852
Plano 1.5: 1885
Plano 1.6: 1944

El núcleo fundacional se encuentra por lo tanto delimitado por los ríos San Francisco y San Agustín, en los costados norte y sur, respectivamente, y por los cerros orientales con los que se definió el principio defensivo inicial, así como una solución —bastante precaria— para el suministro y desagüe con el que se

Plano 2: Bogotá en 1797, basado en el de Carlos Francisco Cabrer.

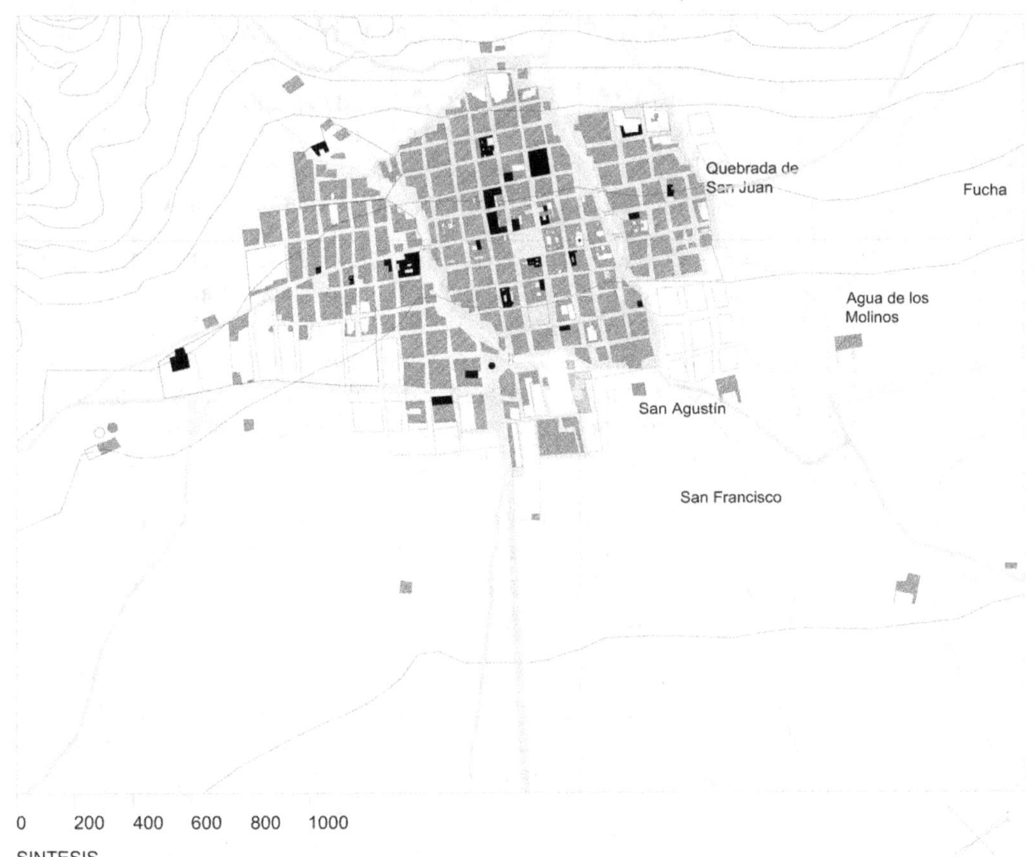

SINTESIS

contó durante muchos años. La ciudad no contaba con acueducto ni alcantarillado y el agua era conducida a las "pilas" o fuentes donde llegaban los aguateros, encargados de distribuirla en tinajas a cada una de las casas que así lo dispusieran, con excepción, claro está, de algunas pocas casas principales que llegaron a tener una pila de agua en el patio.

Los planos 2.1 a 2.5 se basan en el plano de Carlos Francisco Cabrer y con estos se busca reconstruir algunas de las "capas" de la ciudad a finales del siglo XVIII. En el plano 2.1, correspondiente a la hidrografía y la orografía de la ciudad, se reconoce la presencia de los cerros orientales y el cauce de los ríos San Francisco y San Agustín que se unen en un punto próximo a San Victorino.

En el plano 2.2 se verifica el efecto que producen estos cauces al romper la continuidad, tanto de las manzanas iniciales, aferentes a la Plaza Mayor, como las que hacen parte de los ensanches, al norte y sur. Ensanches que empiezan a consolidarse en la ciudad desde mediados del siglo XVIII valiéndose del mismo sistema de calles formando una retícula que establece el sistema del espacio público dibujado en el plano 2.3.

El plano 2.4 muestra la distribución de los edificios más significativos (eclesiásticos y civiles) que claramente se organizan alrededor de la Plaza Mayor o bien a lo largo de las vías principales: calle de la Carrera y de las actuales calles 10.ª y 11.

En el plano 2.5 aparece la división administrativa que a finales del siglo XVIII y comienzos del XIX se regía por el sistema de parroquias, lo que demuestra el poder que tenía la Iglesia, encargada además de algunas tareas administrativas como llevar el censo y expedir certificaciones. Cada una de estas parroquias a su vez se dividía en barrios, de los existe todavía la mayor parte.

2.1

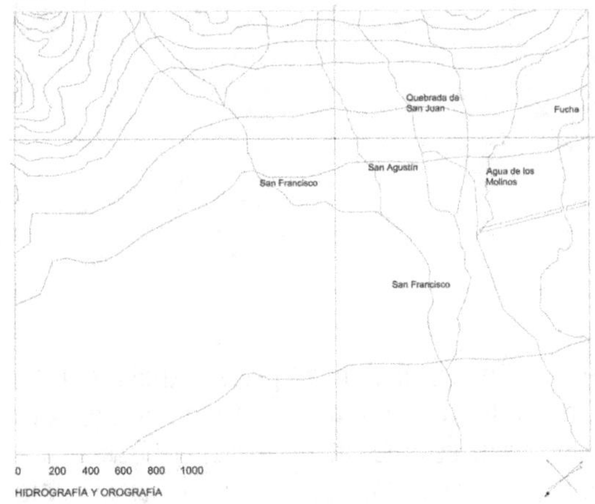

2.2

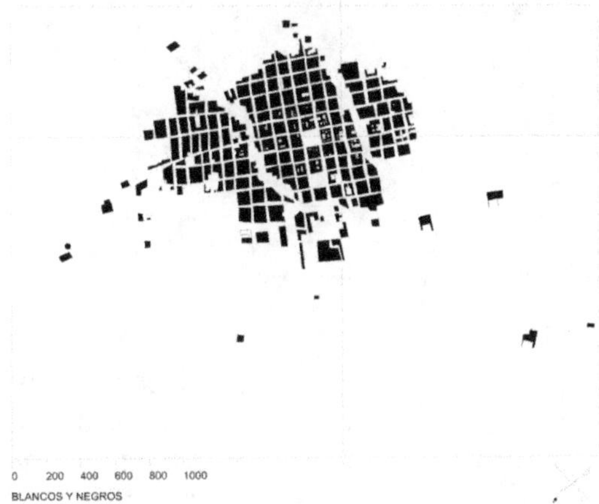

2.3

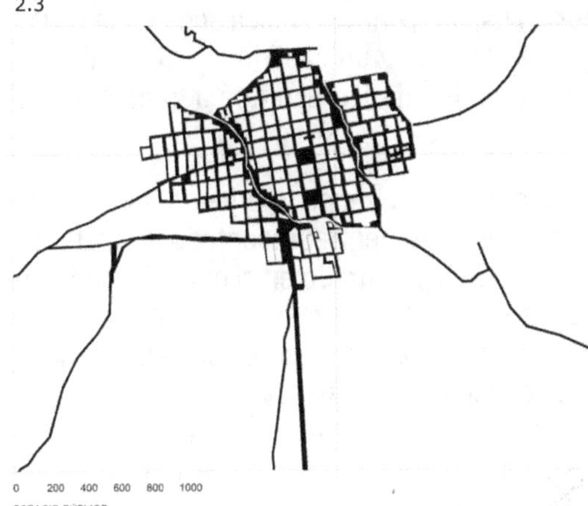

2.4

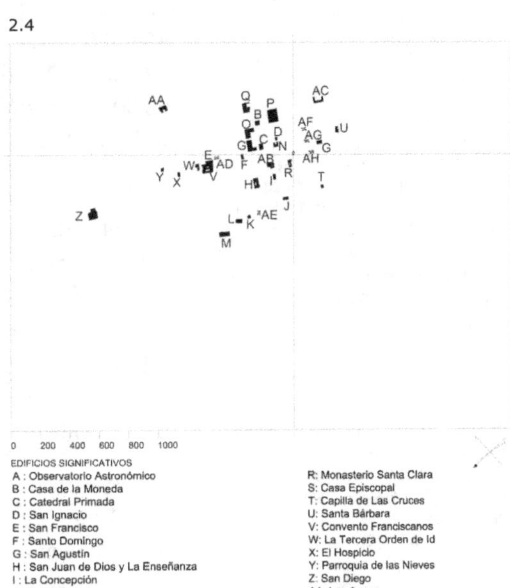

2.5

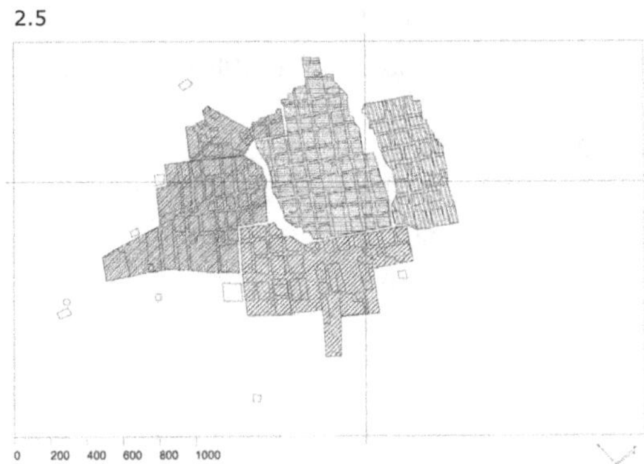

Plano 2.1. Hidrografía y Orografía

Plano 2.2. Ocupación, Blanco y Negro

Plano 2.3. Sistema de Espacio Público.

Plano 2.4. Construcciones significativas, civiles y religiosas.

Plano 2.5. División administrativa de la ciudad por parroquias.

[75] Durante los últimos años del siglo XVIII y comienzos del XIX, estuvieron a cargo de los asuntos peninsulares y los de las colonias los reyes Carlos III (hasta 1788), Carlos IV (hasta 1803) y Fernando VII (hasta 1813). Los virreyes durante este periodo fueron: Francisco Gil de Tabeada y Lemus, José de Ezpeleta, Pedro Mendinueta y Muzquiz y Antonio Amar y Borbón.

[76] Según Carlos Martínez, en *Santa fe, capital del Nuevo Reino de Granada*, la sociedad santafereña era bastante afecta a la vida conventual. Se cuenta en el empadronamiento de 1793 cómo los conventos masculinos eran: Santo Domingo, San Francisco, San Diego, San Agustín, Los Candelarios, San Juan de Dios y los Capuchinos, para un total de 452 religiosos, entre frailes, novicios, legos, criados y niños. Por su parte, las mujeres ocupaban los conventos de Santa Clara, Santa Inés, La Concepción, El Carmen y La Enseñanza, para un total de 472 religiosas entre profesas, novicias, colegiales y criadas.

Muchas pueden ser las interpretaciones que se adelanten en torno a la tendencia centralizada de la forma urbana de Santa fe durante la Colonia. Lo cierto es que dicha tendencia obedece a una organización social y política basada en un sistema claramente jerarquizado que comienza con la figura de un virrey, directamente vinculado al emperador en España, una asamblea encargada de los asuntos judiciales (Real Audiencia) y un cabildo, conformado por alcaldes y regidores, encargados de los asuntos administrativos de la ciudad[75].

La figura del virrey estuvo unida muy estrechamente a la Iglesia, que sin duda constituía el tercer poder, representado en distintas órdenes religiosas como queda demostrado en el empadronamiento de 1793. Éstas, según se puede apreciar en algunos planos, ocupaban doce conventos *de manzana entera*. Las órdenes más importantes fueron: los capuchinos (orden a la que pertenecía fray Domingo Petrés), los dominicos, los franciscanos, las clarisas, los agustinos y los jesuitas[76].

En este orden de ideas, se podría decir que la ubicación de la Casa Botánica, en la que se construyó el Observatorio, es correspondiente con la importancia de Mutis, en el ámbito social. Éste, como español peninsular y además sacerdote, ostenta claramente un poder que tiene su representación en la ciudad. Esto explica, en una buena medida, el hecho de que el Observatorio hubiera podido ser construido en medio de un ambiente regido por motivaciones definitivamente ajenas a las de la ciencia.

¿Qué rodea el edificio?

Se han tomado las 15 manzanas próximas al edificio para entender cómo pudo ser el contexto que lo rodeó durante los primeros años del siglo XIX y también cómo estas circunstancias se han visto mo-

dificadas en los años siguientes. El Observatorio, construido en el jardín de la Casa Botánica, hace parte de las manzanas próximas a la Plaza Mayor y al conjunto de edificios "principales" de la ciudad, siendo comparable en altura con algunas iglesias (como se puede ver en la imagen, 103). Todas ya existían en el momento en que el Observatorio estaba siendo construido y determinaban puntos claros de referencia en un paisaje urbano bastante homogéneo.

El sector, conocido en el siglo XIX como barrio del Palacio (según Moisés de la Rosa) está conformado por "14 manzanas, limitadas por treinta y siete cuadras". Las tres cuadras del extremo occidental son limítrofes con el barrio La Catedral (en una de estas se encuentra el Observatorio[77]). La manzana específica está rodeada, al oeste, por la calle de Santa Clara, nombrada así por estar ahí la iglesia y el convento de este nombre (actualmente, carrera 8.ª); la calle del Chocho, al sur (hoy la calle 8.ª, que se encuentra cerrada); la calle de la carrera, al este (hoy cra. 7.ª), y la calle de la fundición, al norte (hoy calle 9.ª también cerrada).

La evolución que van a tener las tres manzanas comprendidas entre la Plaza de Bolívar y el río San Agustín es muy interesante en los años posteriores, y en todos los planes y obras realizadas, el Observatorio se ha mantenido en su ámbito propio, aislado y autónomo. En estas tres manzanas se han ubicado gradualmente los estamentos del poder, representados durante la Colonia por la Real Audiencia y el Palacio Virreinal. Después de la independencia, se ubicaron aquí el Capitolio Nacional y más tarde el Palacio Presidencial (Casa de Nariño), así como algunas sedes ministeriales en las manzanas aledañas.

103. Alzados de algunas iglesias de Bogotá en relación con el Observatorio Astronómico. Aparecen de izquierda a derecha: el Observatorio, la Catedral, la capilla del Sagrario, la iglesia de Santa Clara, San Agustín, la Candelaria, las Aguas, San Ignacio, San Juan de Dios y San Francisco.

[77] Ver plano 3: manzana IX.

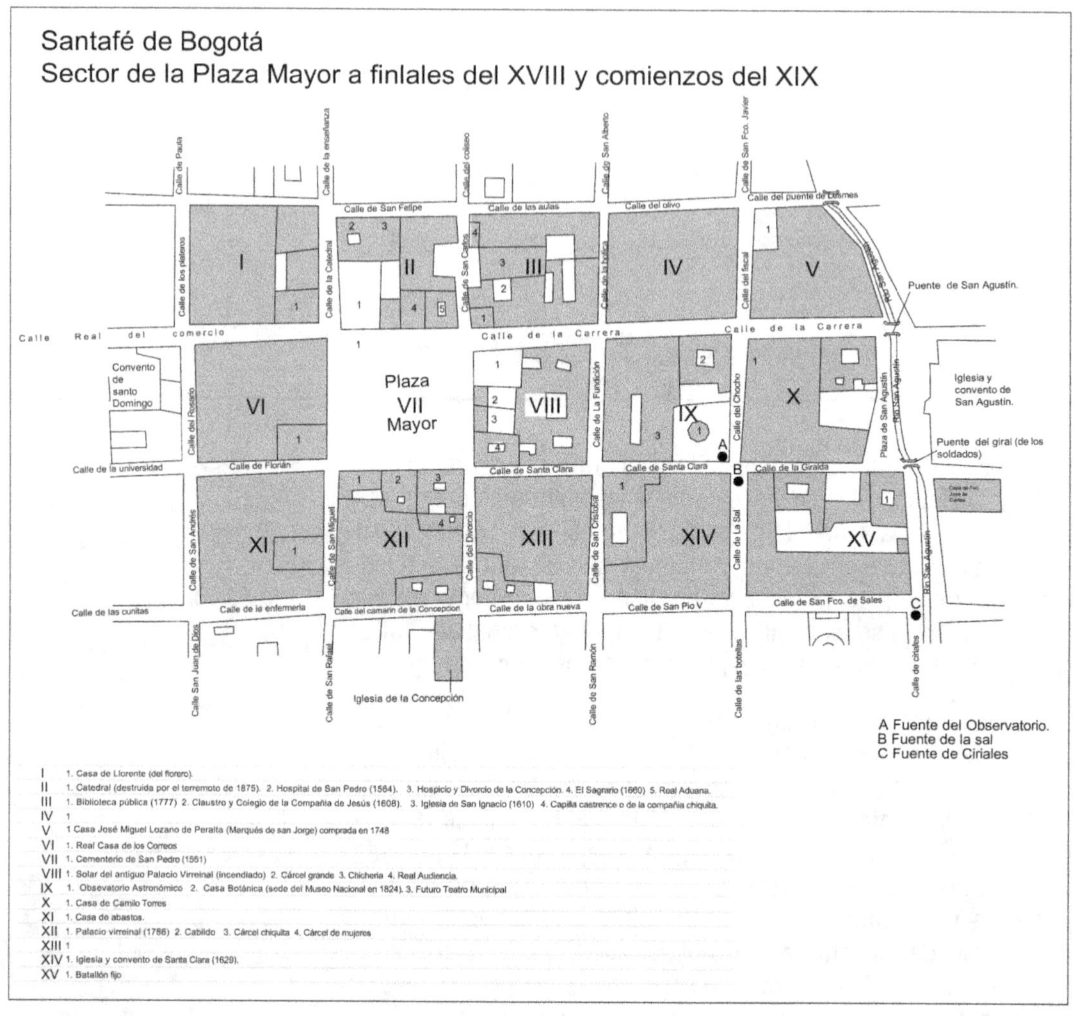

I   1. Casa de Llorente (del florero).
II   1. Catedral (destruida por el terremoto de 1875). 2. Hospital de San Pedro (1564). 3. Hospicio y Divorcio de la Concepción. 4. El Sagrario (1660) 5. Real Aduana.
III   1. Biblioteca pública (1777) 2. Claustro y Colegio de la Compañía de Jesús (1608). 3. Iglesia de San Ignacio (1610) 4. Capilla castrense o de la compañía chiquita.
IV   1
V   1 Casa José Miguel Lozano de Peralta (Marqués de san Jorge) comprada en 1748
VI   1. Real Casa de los Correos
VII   1. Cementerio de San Pedro (1551)
VIII   1. Solar del antiguo Palacio Virreinal (incendiado) 2. Cárcel grande 3. Chichería 4. Real Audiencia.
IX   1. Observatorio Astronómico 2. Casa Botánica (sede del Museo Nacional en 1824). 3. Futuro Teatro Municipal
X   1. Casa de Camilo Torres
XI   1. Casa de abastos.
XII   1. Palacio virreinal (1786) 2. Cabildo 3. Cárcel chiquita 4. Cárcel de mujeres
XIII   1
XIV   1. Iglesia y convento de Santa Clara (1629).
XV   1. Batallón fijo

Plano 3: Las 15 manzanas alrededor del Observatorio en los primeros años del siglo XIX. La manzana de la Casa Botánica es la No IX

En el plano 3 se puede constatar la situación del Observatorio en los primeros años del siglo XIX (manzana IX) en el solar de la Casa Botánica (2). Por entonces, se tramitaba inútilmente el proyecto para un nuevo palacio virreinal, que habría de ubicarse en la manzana que conforma el costado sur de la Plaza Mayor (manzana VIII en el plano 3). El proyecto tuvo tres promotores y tres autores: el primero, ubicado en el costado oriental de la manzana, fue encargado por el arzobispo virrey Caballero y Góngora al clérigo José Aparicio Morata, pero por razones de demora en el trámite de aprobación ante las autoridades en Madrid, no se pudo iniciar. El segundo fue diseñado por el ingeniero Domingo Esquiaqui, ante la iniciativa del virrey Ezpeleta. Este comprendía casi toda la manzana sur de la Plaza Mayor, siendo de los tres el más ambicioso. Su gran tamaño y elevado costo impidieron su realización. El tercero, encargado por el virrey Mendinueta al ingeniero Carlos Cabrer, se ubicó en el costado oriental de la manzana, donde estuvo el primer palacio, consumido en el incendio de 1786. Pese a la reducción de tamaño y costo, de este tercer intento tampoco pudo construirse debido al clima político que culminó con el movimiento de independencia.

El gobierno republicano acometió más adelante la expropiación y compra de todos los predios de la manzana con la idea de construir el Capitolio Nacional. El arquitecto encargado, Thomas Reed[78], realizó el diseño y la primera fase de la obra, en medio de innumerables tropiezos. Tardó cerca de ochenta años en concluirse, lo que evidentemente supuso la participación de muchos otros arquitectos y un costo muy elevado.

Fue ya entrado el siglo XX cuando comenzó a pensarse en el proyecto para un verdadero Centro Cívico con el que se esperaba incluir todos los estamentos del poder en un espacio único, simbólico y representativo, que evitara la dispersión de los despachos administrativos. En el plano 3.1 aparece el planteamiento hecho por el arquitecto Pablo de la Cruz, publicado en *El Gráfico* (abril de 1921), en el que aparece la Avenida Núñez, concebida como una amplia calzada que habría de unir el Capitolio Nacional con el recientemente terminado palacio presidencial (conocido como Palacio de la Carrera o Palacio de Nariño) ordenado por el presidente Reyes según planos de Gastón Lelarge y Julián Lombana. Esta propuesta quedó en el papel, pero para el caso de este estudio, resulta interesante porque conserva el Observatorio y además el Teatro Municipal.

[78] Thomas Reed, ciudadano inglés, natural de la isla de Santa Cruz, fue el autor del primer proyecto para el Capitolio Nacional. Más adelante, este fue continuado por Pietro Cantini, Mariano Sanz de Santamaría, Gastón Lelarge y los detalles finales estuvieron a cargo del arquitecto Alberto Manrique Martín.

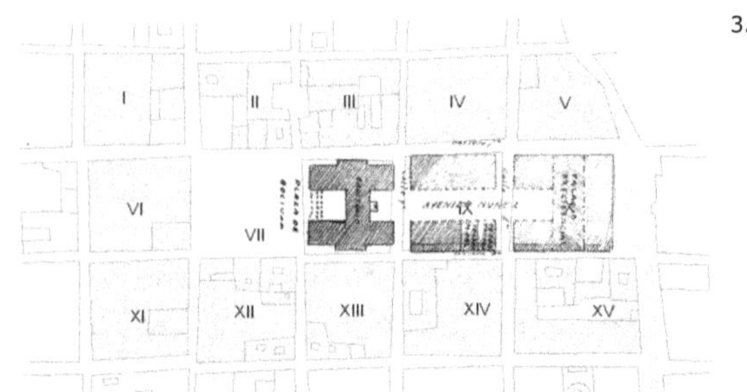

3.1

3.2

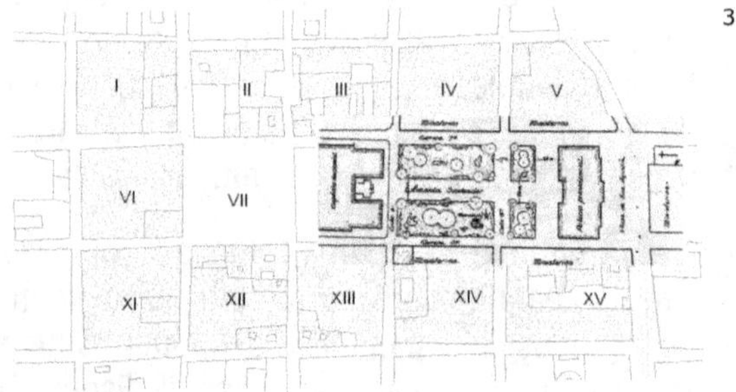

3.3

Plano 3.1 Propuesta del arquitecto Pablo de la Cruz. "Proyecto de reforma Urbana". Publicado en *El Gráfico*, Abril 9 de 1921.

Fotografía aérea 3.2, Marzo 3 de 1938. Quizás uno de los primeros vuelos con misión fotográfica sobre la ciudad. La manzana del Observatorio se aprecia completamente construida.

Plano 3.3 Propuesta del arquitecto Gabriel Sánchez Grillo, durante la alcaldía de Mariano Sanz de Santamaría. Publicado en *El Espectador*, Dic 31 de 1943.

Aerofotografía 3.4, Mayo 15 de 1948. Centro de la ciudad después de los sucesos del 9 de Abril de ese mismo año.

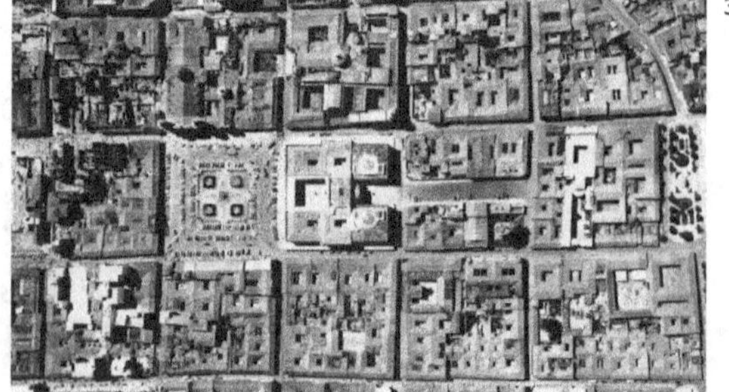

3.4

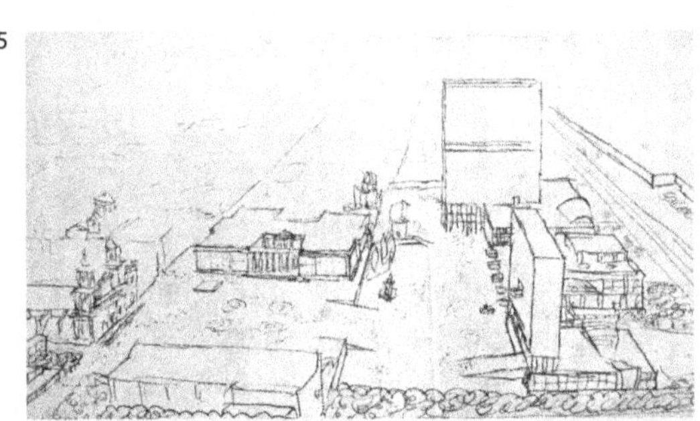

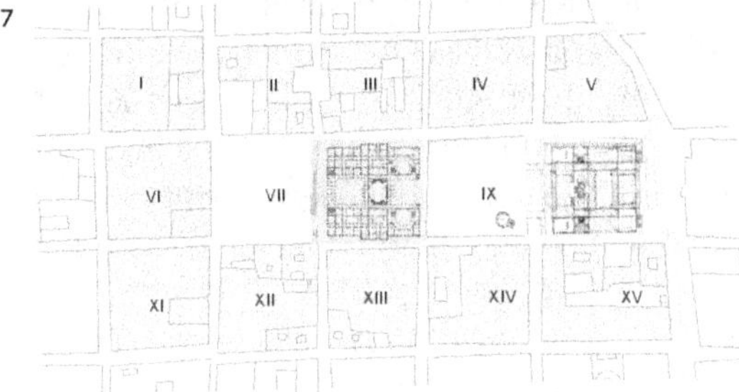

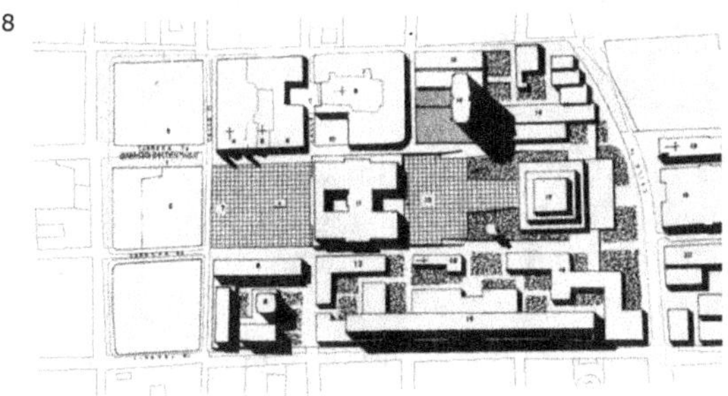

Dibujo 3.5. Esquema de la propuesta para un Centro Cívico, propuesta por Le Corbusier. Se insinua al fondo, la silueta del Observatorio. Publicado en revista PROA

Aerofotografía 3.6. Veintisiete de abril de 1956.

Plano 3.7 y alzados. Propuesta del arquitecto Bruno Violi. Se presume que este proyecto debe estar siendo desarrollado entre 1950 y 1955 para el Centro Administrativo Nacional (C.A.N.) y en este caso se plantea hipotéticamente su localización en reemplazo del palacio de la Carrera.

Plano 3.8. Planos para un Centro Cívico, propuesto por el Departamento Administrativo de Planeación con Carlos Martínez a la cabeza.

En 1943, siendo alcalde de la ciudad Mariano Sanz de Santamaría, se realizó un anteproyecto para el palacio presidencial en el que propone, nuevamente, la unión de las tres manzanas, así como la manzana del convento de San Agustín. En esta propuesta, adelantada por el arquitecto Gabriel Sánchez Grillo, el Observatorio queda en medio de un gran jardín, en una situación similar a la actual, según se aprecia en el plano 3.3.

Los sucesos de 1948 llevan a tomar la decisión de trasladar las sedes ministeriales y la presidencia a un lugar más seguro. Pese a que el palacio presidencial pudo ser defendido durante los difíciles momentos del *Bogotazo*, el gobierno del general Rojas Pinilla considera que se deben actualizar las construcciones y corresponder con las funciones administrativas. Es así, como encarga a la firma de arquitectos Skidmore, Owins and Merill[79] el diseño del Centro Administrativo Nacional (CAN) en terrenos ubicados sobre la avenida 26 con carrera 50. Se construye casi por completo dentro de los lineamientos de una arquitectura eficiente y moderna. No obstante, se sigue creyendo que es imprescindible mantener las sedes gubernamentales más representativas en el centro de la ciudad y con esta premisa se decreta la compra y demolición completa de las manzanas comprendidas entre la calle 9.ª y la calle 7.ª (río San Agustín). Así, por medio de la ley 10 de 1949, se ordena la demolición de las dos manzanas siguientes al costado sur del Capitolio y la construcción en el área despejada de un palacio presidencial.

Este decreto supone la demolición, entre otras, de la Casa Botánica y de las casas adyacentes al palacio presidencial, que según parece, nunca se ajustó ni en dimensiones ni en imagen a lo que corresponde a su función, tanto así que los eventos protocolarios se realizaban en el Capitolio o en el Palacio de San Carlos.

Finalizada la década de los cuarenta, comienzan a aparecer una serie de propuestas para las manzanas al sur del Capitolio. La primera es la de Le Corbusier (continuada luego por Wiener y Sert), quien en su plan para el centro de la ciudad, proponía rodear con construcciones administrativas la Plaza de Bolívar —ampliada hacia el occidente—, conservando la Catedral, el Capitolio y el Observatorio. Si bien es un gesto apenas, se evidencia (dibujo 3.5) el interés por preservar estos tres edificios históricos. Tal vez esto sea comparable con la condición de la Torre de Saint Jaques en el plan Voisin para París, donde también se le concede el indulto a esta torre ajena a la continuidad de las calles.

Se conoce también la propuesta del arquitecto Bruno Violi para el palacio presidencial que se habría de localizar en el C.A.N. (Centro Administrativo Nacional): se trata de un edificio de planta nueva, que en esta hipotética localización se ubicaría en línea con el eje de simetría del Capitolio. El palacio de Violi está resuelto con su particular lenguaje, con generosas proporciones y una clara modulación estructural, como se aprecia en el plano 3.7 y en el alzado 105.

Las propuestas siguen su curso, así como la compra y demolición de los predios de estas manzanas. En la aerofotografía 3.6 se evidencia la intención de generar un gran espacio urbano que vincule el Capitolio con el palacio presidencial, que ya sin sus vecinos inmediatos puede gozar del tratamiento de construcción aislada y no la de un edificio entre medianeras.

En 1961 se somete a la aprobación del Senado el proyecto adelantado por el Departamento Administrativo de Planeación Distrital bajo la dirección del arquitecto Carlos Martínez[80], como se ve en el plano 3.8. Se trata de una propuesta para el Centro Cívico, retomando en parte las ideas de Pablo de la Cruz, Sánchez Grillo y Le Corbusier, que parten de la generación de un gran espacio

[80] Entre los arquitectos del equipo, se cuenta además con Arturo Robledo, Néstor Tobón y Ricardo Velásquez.

abierto, en el que aparecen las sedes gubernamentales y en medio de estas un espacio urbano moderno, con edificios igualmente nuevos. Se conserva el Capitolio, la Catedral, las iglesias de San Ignacio y Santa Clara y el Observatorio como testimonios del pasado, **105**. El palacio presidencial se plantea como un edificio de planta nueva mucho mas amplio, acorde con su representatividad y con la nueva condición urbana.

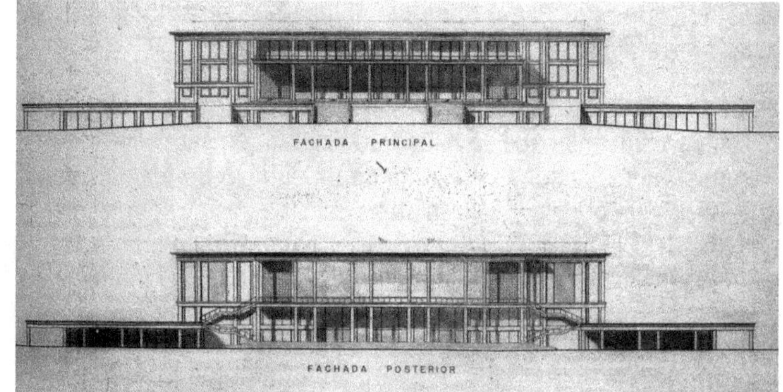

104. Alzado del palacio presidencial. Proyecto no realizado de Bruno Violi, que habría de localizarse en el CAN. Tomada de Carlos Niño, *Arquitectura y Estado*, p. 266.

105. Perspectiva del Centro Cívico propuesto por el equipo liderado por Carlos Martínez, en calidad de director de planeación municipal. Se aprecia la silueta del observatorio. Revista PROA No. 150.

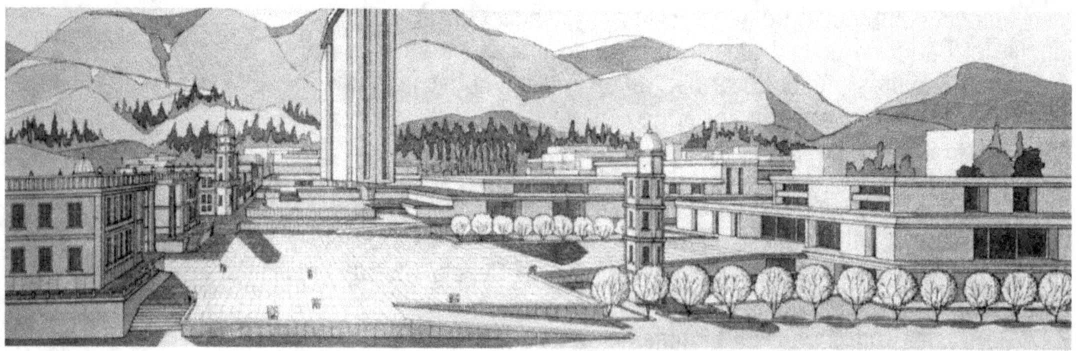

¿Cómo es el edificio?

En un sentido general y descriptivo, se puede decir que el Observatorio es un edificio que se define, por una parte, dentro de las características de los grandes muros heredados de la Colonia, en lo que respecta a la torre de la escalera y por otra, se aventura en un tratamiento neoclásico aplicado al cuerpo octogonal, como respuesta a una tendencia característica de comienzos del siglo XIX. Sin embargo, la resolución constructiva y estructural basada en el empleo de bóvedas y cúpulas resulta bastante original y se explica desde la tradición de la región de Valencia donde Petrés inició su carrera.

El Observatorio se encuentra hoy en medio de un frondoso jardín con especies nativas como la palma de cera, el jazmín, el cedrillo y una de las variantes de la quina. Si bien muchas de estas especies han sido plantadas recientemente, evocan seguramente el estado en que se encontraba el jardín durante sus primeros años, bajo el cuidado de Mutis.

El edificio, hoy en día, está pintado de blanco, pero hay evidencias de que contó con el tratamiento de colores sobre sus fachadas en algún momento previo. También hay rastros del decorado en piedras sobre la fachada tras un intento por dar al edificio una imagen rústica.

El edificio

Antes de entrar en la desagregación del edificio, conviene recordar cuáles son los recintos que lo componen y cómo estos han sido designados[81].

[81] Los nombres que reciben los recintos que componen el Observatorio, se explican por la manera como inicialmente fueron ocupados.

106. Espacios que conforman el edificio.

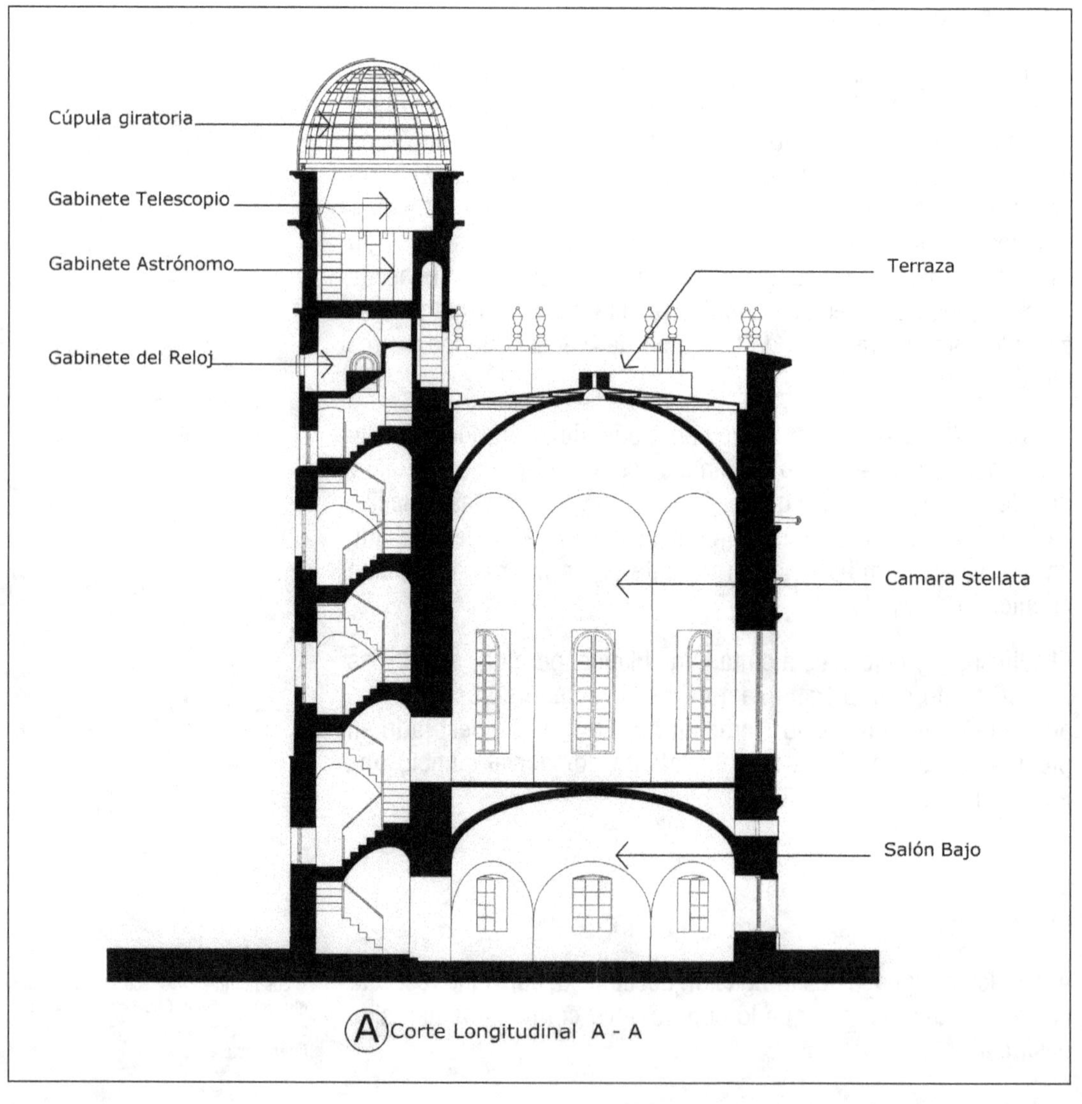

Lo segundo es entender la composición del edificio en lo que respecta a sus cuerpos, partes y elementos constitutivos, para luego entrar a indagar acerca de las relaciones presentes entre los llamados principios de orden.

Cuerpos, componentes, partes y elementos

El Observatorio se podría entender como un edificio clásico. Clásico en el sentido más amplio de la palabra en la medida en que cumple con ciertas condiciones de forma y lenguaje que son reconocibles bajo este término. En este sentido, se puede adelantar que como edificio clásico acusa con cierta determinación en el cuerpo octogonal sus tres partes fundamentales: la base, el cuerpo y el remate, y sus motivos decorativos evocan de alguna manera el vocabulario de la arquitectura grecolatina de la antigüedad.

Esta distinción permite entonces entender el volumen total del edificio como un compuesto de dos cuerpos fundamentales: el prisma de base cuadrado (aproximado) que aloja las escaleras y el prisma de base octogonal que aloja las estancias principales. Ambos, originados en formas geométricas distintas, con funciones claramente separadas y así mismo con grados de cerramiento diferentes, proporcionales al tamaño de los espacios que están siendo iluminados. Y, como ya se dijo, en su superficie decorativa son tratados con intenciones claramente opuestas. Es sin duda una anticipada intención de asignar una forma a cada función y un reconocimiento de su valor jerárquico.

Una vez definidos los cuerpos (prisma y octógono) y sus partes correspondientes (base, cuerpo y remate), se pueden nombrar los componentes y los elementos, deteniéndose antes para arriesgar una definición: los componentes son conjuntos de elementos que

107. Cuerpos principales: la torre de escaleras y el volumen octogonal.

participan en la configuración de los cuerpos. Los elementos, por su parte, son entendidos como la combinación mínima de materiales que construye algo coherente en sí mismo y que por esta razón puede ser nombrado y resuelto autónomamente.

Los componentes de la torre son, 108:

- La escalera, compuesta por los diez y seis tramos que giran sobre sí mismos y conducen desde el primer piso hasta la terraza, entregando en su paso (cuarto tramo) en la *camara stellata* y en el tramo 16 en la terraza y el gabinete del reloj.

- El entrepiso del gabinete del reloj, que se apoya sobre la bóveda del último tramo de la escalera y se prolonga a lo largo del ojo de la misma.

- El entrepiso del gabinete del astrónomo, que se apoya en una bóveda de cañón en cuya clave además inicia una columna que sirve de apoyo al telescopio[82].

- El entrepiso de madera, que permite la circulación alrededor del telescopio.

- La cúpula, que remata la torre de la escalera y que resulta definitiva en el funcionamiento del telescopio. Cabe sin embargo recordar que la cúpula metálica actual es relativamente reciente, ya que reemplazó la anterior, construida inicialmente en ladrillo con una apertura única, lo que limitaba el campo de acción del telescopio.

Los componentes del cuerpo octogonal son, 108:

- La cúpula inserta en el prisma octogonal que sirve de apoyo al entrepiso de la camara stellata y cubre la sala baja. Esta corresponde geométricamente a una cúpula rebajada.

- La cúpula que cubre la camara stellata y sirve de apoyo al entrepiso de la terraza. Esta corresponde geométricamente a

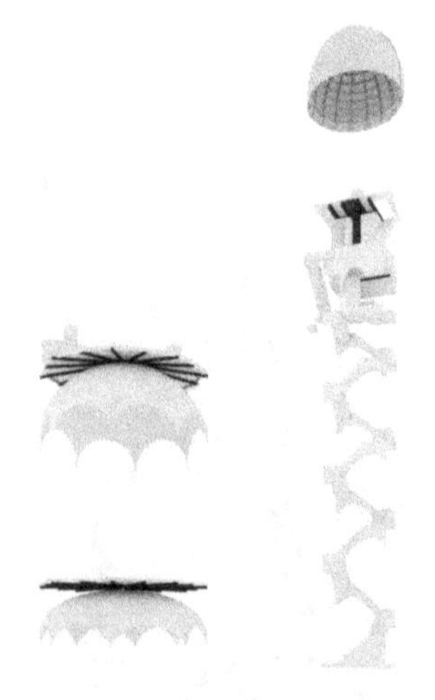

108. Cuerpos y componentes del edificio.

[82] Es probable que esta columna haya sido construida posteriormente como soporte adicional del telescopio con el fin de asegurar la mayor estabilidad posible.

una cúpula de medio punto y en su clave está la perforación que hace parte del gnomon solar.

Los elementos hacen parte esencial del edificio y se pueden distinguir entre los que se presentan una sola vez, llamados singulares, y aquellos que se repiten configurando una serie o un sistema.

Los elementos singulares son:

- La meridiana: es una barra de bronce que cruza el suelo de la camara stellata en dirección este-oeste. Sobre la escala grabada que tiene esta barra se puede hacer un registro del movimiento del Sol, durante todos los días del año, para determinar los solsticios y equinoccios. En esta barra aparece la siguiente inscripción: *Colocada en 1886 por orden del General Tomás Cipriano de Mosquera, presidente de la Unión. Por Indalecio Liévano, director del Observatorio.* [109]

- Las escaleras que suben de la terraza al gabinete del astrónomo y comunican luego de este, al nivel del telescopio, son también elementos singulares en la medida en que no hacen parte del sistema de la escalera principal y cada una debe resolverse no solo técnica sino funcionalmente en espacios bastante reducidos. [110]

- El mueble-escalera se ubica en el telescopio. La importancia de este elemento se debe a que permite al observador seguir gradualmente el movimiento de los astros con el telescopio, asegurando gradualmente la posición en las largas sesiones de observación. [111]

- El cilindro que sirve de apoyo al telescopio es un elemento singular que asegura la estabilidad a este instrumento. Para lograrlo, se encuentra montado sobre una columna que se apoya a su vez en la bóveda que cubre el gabinete del reloj. [112]

109. Meridiana y perforación en la cúpula superior. Los dos elementos actúan como un gran gnomon solar.

110. Escaleras singulares: la primera, comunica desde la terraza hasta el gabinete del astrónomo y la segunda desde aquí hasta el telescopio.

111. Mueble - escalera

112. Cilindro de apoyo para el telescopio.

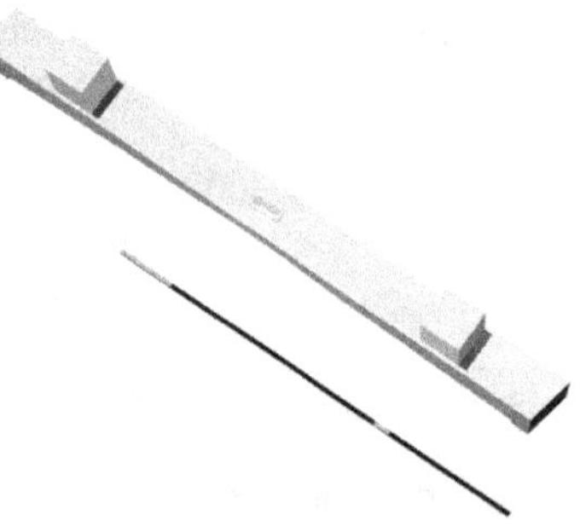

109

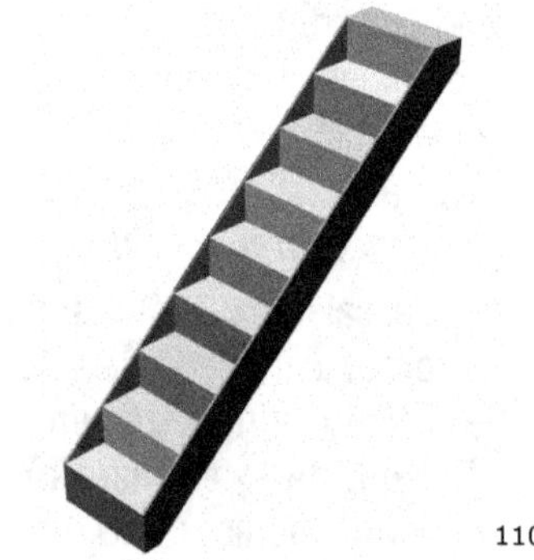

110

111

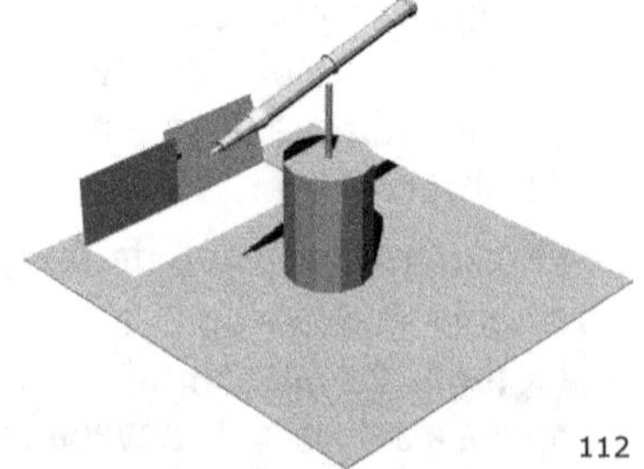

112

Los elementos repetitivos son:

- Las caras o facetas de los cuerpos principales: escalera y octógono. En el primer caso se repite tres veces y en el segundo siete veces, siendo la cara que tiene la puerta de acceso la única en la que se puede encontrar alguna diferencia. 113
- Los segmentos del octágono y cúpula de los entrepisos. 114
- Las ventanas son un elemento repetitivo muy importante. En la camara stellata cumplen la función de permitir la observación hacia afuera durante la noche, según la orientación de cada una de las caras del cuerpo octogonal, y en el día permiten oscurecer este salón para hacer las observaciones del Sol sobre la meridiana. 115

En resumen, las partes y los elementos del edificio se agrupan a partir de los dos cuerpos principales que son el soporte y el cerramiento básico como corresponde a este tipo de construcción basada en muros de carga.

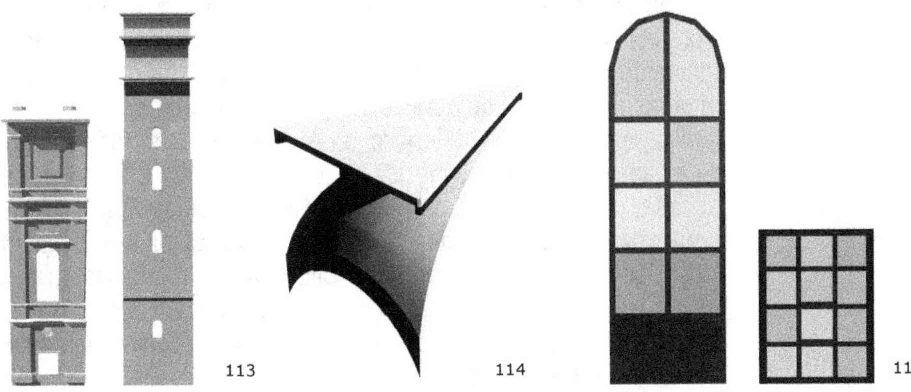

113   114   115

Los principios

Los principios, para el caso de este estudio, serán tomados a partir de la tríada atribuida a Vitruvio, en la que se establece que toda construcción, por grande o pequeña que sea, debe cumplir con tres condiciones fundamentales: la técnica (*firmitas*); las particularidades del uso (*utilitas*) y las leyes que le aseguren armonía y belleza (*venustas*).

Firmitas

La construcción del Observatorio, se puede afirmar, fue hecha mediante muros de carga y el ingenioso uso de bóvedas y cúpulas para soportar la escalera y los entrepisos. Lo que todavía no es muy claro es la manera en que estos muros fueron construidos. Es posible pensar que se trata de muros compuestos por piedra y tierra pisada en el medio. Esto, sin embargo, es una mera suposición; faltaría hacer unas calas exploratorias para constatar dicha hipótesis.

En una de las fichas técnicas de catalogación del Observatorio encontrada en el Centro de Documentación del Ministerio de Cultura, fechada en mayo de 1993 (firma R. N.), aparece la siguiente anotación: "Muros en piedra, adobe y argamasa con reparaciones en cemento y cintas de amarre en concreto, acabado con pintura acrílica, presentan biodeterioro en la parte inferior del zócalo, escamado de la capa pictórica en gran parte de los muros en fachada, polución en las cornisas por lluvias ácidas. Eflorecencia y pulverización en el zócalo del muro que comunica a la escalera [...] piso original exterior en gravilla con canales perimetrales de drenaje (actualmente cubiertos con tableta). En 1867, por el terremoto, se agrietó y fueron instaladas vigas de amarre, cintadas en concreto dos secciones".

Es posible que el ladrillo no haya sido utilizado en los muros del Observatorio, debido, en parte, a que no resultaba ser por entonces un material confiable. Solo luego de varios experimentos se logra mejorar el proceso de horneado empleando carbón mineral, que alcanza una mayor temperatura de cocción. Esta innovación, que tiene lugar a finales del siglo XIX, implica aumento de la resistencia y regularidad en las medidas en el proceso de producción[83]. No obstante, para la construcción de la cúpulas y las bóvedas, lo más seguro es que sí se hubiera empleado el ladrillo. Generar formas como estas en piedra hubiera supuesto un trabajo con una alta demanda en lo que a mano de obra se refiere y seguramente la obra no hubiera alcanzado su terminación en el breve lapso de quince meses como efectivamente sucedió.

[83] Para ampliar este asunto, se recomienda el artículo *"El ladrillo en Bogotá"* escrito por Carlos Martínez y publicado en *Apostillas y Reseñas,* Cuadernos PROA No.4, 1983.

Los entrepisos de la *camara stellata* y de la biblioteca se apoyan en cúpulas que reciben en su centro las vigas horizontales, que coinciden en la clave y sobre las cuales se apoyan los entrepisos. Estas cúpulas, a su vez, se insertan dentro del octágono, dibujando un arco en cada una de las paredes interiores. Las dos cúpulas son ligeramente distintas: la que cubre el salón de la sala baja es reba-jada, conformando la figura de un ovoide en revolución, y la que cubre la *camara stellata* es de medio punto. El hecho de contar con estas dos cúpulas es un recurso que genera además unos efectos acústicos muy particulares en los dos salones principales. Además de esto, resulta muy efectivo a la hora de solucionar el problema de las grandes luces y las diferentes medidas que podrían tener las vigas de los entrepisos en un octógono. No obstante, el empleo de las cúpulas acarrea el problema de los empujes laterales, y para evitar los contrafuertes, estos son contrarrestados en parte por la forma octogonal del prisma que las contiene en conjunto y en parte por el peso propio de los muros que alcanzan casi un metro de espesor en la base. Recurso que se aplica con la misma lógica en las bóvedas de la escalera.

Cabe anotar que pese a esto se construyó una viga de concreto que vinculara (cosiera) los extremos del octógono al nivel de la terraza con el fin de contribuir en el trabajo de los muros. Lo mismo se hizo en el gabinete del astrónomo, donde los empujes de las últimas bóvedas de la escalera y de la que cubre el gabinete del reloj podían resultar críticos en el momento de un sismo.

Las escaleras están resueltas gracias a un sistema constructivo suficientemente flexible que permite variar la inclinación y distribución de los escalones, de manera que puedan empatar con los niveles de primer piso, segundo piso y azotea. Se trata de una escalera de cuatro tramos en revolución conformada por bóvedas catalanas, es decir tramos que se van apoyando uno con el siguiente, solidariamente, a medida que se sube. Así, los primeros cuatro tramos suben desde el nivel 0,00 m (primer piso), hasta el segundo piso, nivel 5,20 m en seis escalones cada uno, con alturas entre descansos ligeramente distintas: 1,32; 1,34; 1,325 y 1,26 m.

El siguiente lapso de la escalera asciende 7,87 m desde el segundo piso hasta la azotea. Aquí, los tramos se reducen a cinco escalones entre descansos, y las medidas oscilan entre 0,96 y 1,015 m. Son tramos relativamente regulares, lo que permite suponer que se emplearon a lo sumo dos cimbra (ver glosario) para armar las bóvedas que apoyan los escalones.

El trazo de las bóvedas determina una forma que permite una medida estable en la altura de las contrahuellas, 19,5 cm, y una huella de aproximadamente 29 cm. Esto produce una escalera que casi se ajusta a la fórmula convencional:
H + 2 CH = 64

En la torre del Observatorio se aplican los siguientes valores:
29 + 2(19,5) = 68 dando una diferencia de 4 cm respecto a lo que se considera una escalera cómoda.

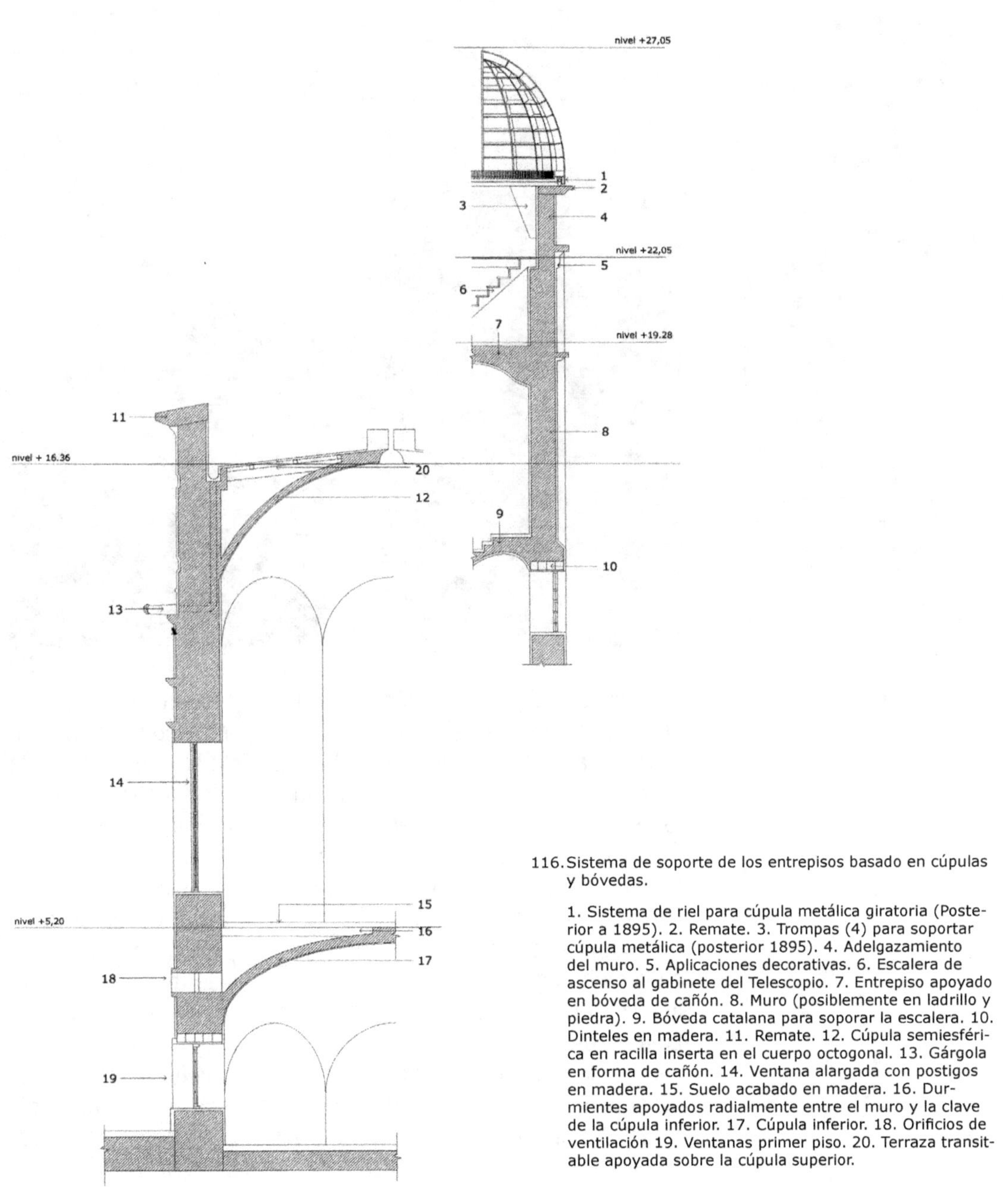

116. Sistema de soporte de los entrepisos basado en cúpulas y bóvedas.

1. Sistema de riel para cúpula metálica giratoria (Posterior a 1895). 2. Remate. 3. Trompas (4) para soportar cúpula metálica (posterior 1895). 4. Adelgazamiento del muro. 5. Aplicaciones decorativas. 6. Escalera de ascenso al gabinete del Telescopio. 7. Entrepiso apoyado en bóveda de cañón. 8. Muro (posiblemente en ladrillo y piedra). 9. Bóveda catalana para soporar la escalera. 10. Dinteles en madera. 11. Remate. 12. Cúpula semiesférica en racilla inserta en el cuerpo octogonal. 13. Gárgola en forma de cañón. 14. Ventana alargada con postigos en madera. 15. Suelo acabado en madera. 16. Durmientes apoyados radialmente entre el muro y la clave de la cúpula inferior. 17. Cúpula inferior. 18. Orificios de ventilación 19. Ventanas primer piso. 20. Terraza transitable apoyada sobre la cúpula superior.

117. Empate de las "bóvedas catalanas" utilizadas para apoyar los distintos tramos de la escalera.

118. Una de las cuatro trompas, ubicadas en el gabinete del telescopio, que hacen el tránsito del apoyo cuadrado hacia el círculo en que está construida la cúpula.

117

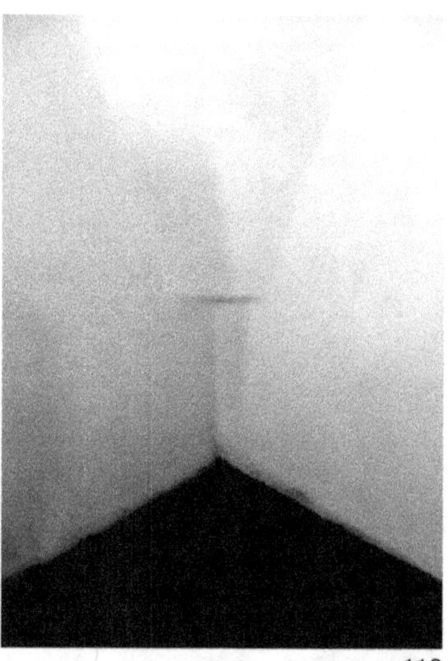

118

Los pisos superiores, gabinete del reloj, del astrónomo y telescopio, ubicados en el remate de la torre, están construidos con muros más delgados que los de la base. Esto se explica en parte porque se requiere mayor espacio que el de la escalera y porque los esfuerzos y empujes en este punto son menores. De igual manera el adelgazamiento de los muros coincide con el nivel de los entrepisos, lo que asegura un apoyo más estable que el del simple empotramiento de las vigas en los muros. En el gabinete del telescopio —remate final del edificio— se aprecian unas trompas en cada una de las cuatro esquinas. Con estas trompas se logra apoyar el riel circular de la cúpula metálica de manera uniforme. Lo que no es muy claro todavía es si estas trompas existieron como parte de la solución para la cúpula en ladrillo que fue demolida o se hicieron como parte de las adecuaciones necesarias para instalar la actual. No obstante en ambos casos existe el problema de apoyar un elemento de base circular sobre uno de sección cuadrada.

Utilitas

Las funciones que se cumplen en el Observatorio son bastante determinadas y cada una cuenta con un espacio específico. Podría decirse, a manera de definición general del uso en el edificio, que el cuerpo de las escaleras compone los espacios *servidores*, mientras que el cuerpo octogonal aloja los espacios *servidos*[84]. Sin embargo, el que hayan pasado más de doscientos años de existencia del edificio significa necesariamente que ha aparecido una gran variedad de usos y apariencias en las que esta relación resulta relativa.

Es importante recordar que el Observatorio hacía parte del solar de la Casa Botánica y en esa dirección se dirigía la puerta de acceso que también correspondía con la entrada desde la calle del Chocho. Esta proximidad con la casa permitió que el edificio fuese concebido para su función exclusiva, dejando por fuera cualquier uso de carácter doméstico. Asunto que se desvirtuó cuando apareció la Avenida Núñez, que partió el solar en dos. Entonces se construyó un baño bajo el segundo tramo de la escalera así como una improvisada cocineta en el primer nivel.

El primer piso, llamado biblioteca o sala baja, fue en sus inicios el lugar donde durmió Caldas, pero muy poco tiempo después, este se trasladó con su esposa a una casa ubicada al otro lado del río San Agustín, cruzando el puente de Giral (o de los soldados). De ahí en adelante esta primera sala ha sido la biblioteca, salvo algunos cambios temporales de uso. El segundo piso corresponde a la *camara stellata*. Desde esta sala octogonal se pueden hacer las observaciones directas del firmamento a través de las ventanas muy altas y delgadas, controlando los cuatro puntos cardinales (N, S, E, O) y sus intermedios (NE, SE, NO, SO). En esta sala se guardaban también

[84] Louis Kahn, arquitecto nacionalizado en los Estados Unidos, manejó siempre una clara distinción entre los espacios servidos y los espacios servidores, como principio de orden compositivo, que a su vez tiene implicaciones formales y técnicas. En este caso hemos acudido a esta distinción para entender las dos funciones principales del edificio referidas a sus dos cuerpos volumétricos.

algunos instrumentos como astrolabios y sextantes así como los mapas estelares. La azotea es el tercer espacio del edificio y lugar desde donde se hacían observaciones directas del cielo, con la ayuda de catalejos.

La caja de la escalera remata en tres espacios: el primero de ellos es el llamado "gabinete del reloj" porque actualmente cuenta con un enorme reloj que sobresale en la pared oeste de la caja de escaleras. El segundo espacio es llamado el "gabinete del astrónomo", el lugar donde seguramente descansaba el astrónomo, y el último es el telescopio que cuenta con una ingeniosa escalera-silla que permite al astrónomo hacer observaciones desde distintas alturas a medida que el telescopio va girando.

Uno de los dispositivos más importantes del Observatorio es sin duda el gnomon solar que ocupa la *camara stellata* y que es uno de los factores que mayor incidencia han tenido en la definición formal del edificio. Para hacer una lectura más nítida del movimiento del Sol, es preciso que los postigos estén cerrados. De esta manera el rayo de sol se podrá ver con más fuerza, concentrando su intensidad mediante un prisma colocado en el óculo (desafortunadamente ya no existe), como se indica en el plano publicado en la *Revista de la Academia Colombiana de Ciencias Exactas, Físicas y Naturales* en 1938.

A continuación se ilustran doce fechas del año a la misma hora cruzando la barra meridiana. [119]

En esta última ilustración, aparecen todos los registros del año y se aprecia cómo en los meses de diciembre y enero el sol "pinta" su huella sobre los muros del salón octogonal, a causa de su altura y esbeltez. La solución habría sido construir un salón con un diámetro mayor, o bien haber reducido su altura.

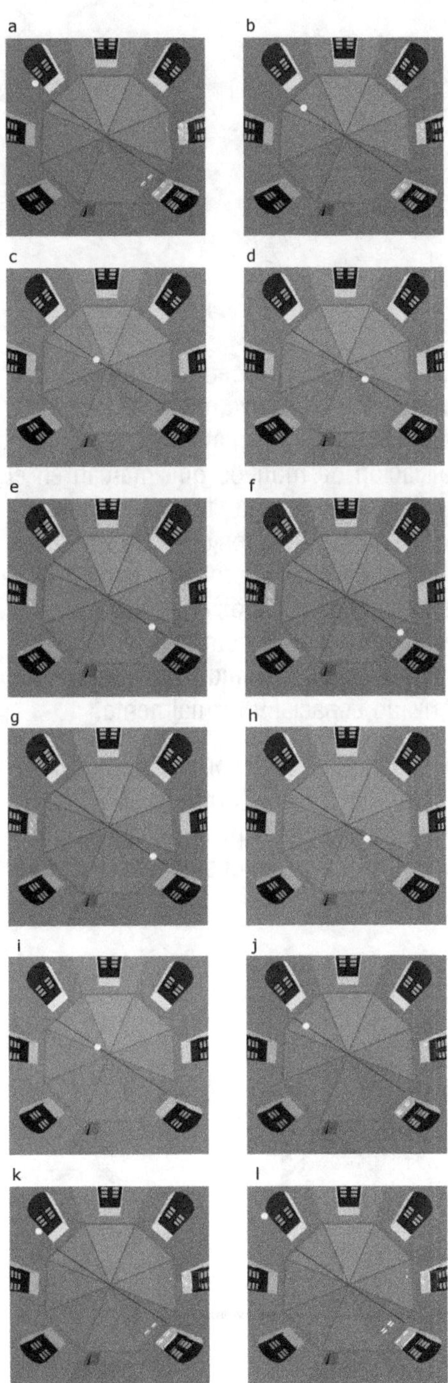

119. Paso del sol por la meridiana en los doce meses del año.

    a-b.   21 de enero, 12:08. 21 de febrero, 12:09

    c-d.   21 de marzo, 12:03. 2 de abril, 11:54.

    e-f.   21 de mayo, 11:52. 21 de junio, 11:57.

    g-h.   21 de julio, 12:01. 21 de agosto, 11:58.

    i-j.   21 de septiembre, 11:49. 21 de octubre, 11:41.

    k-l.   21 de noviembre, 11:44. 21 de diciembre, 11:56.

    m.   21 de enero a 21 de diciembre a la misma hora, aproximadamente. Se indica el paso del sol sobre la meridiana en cada mes.

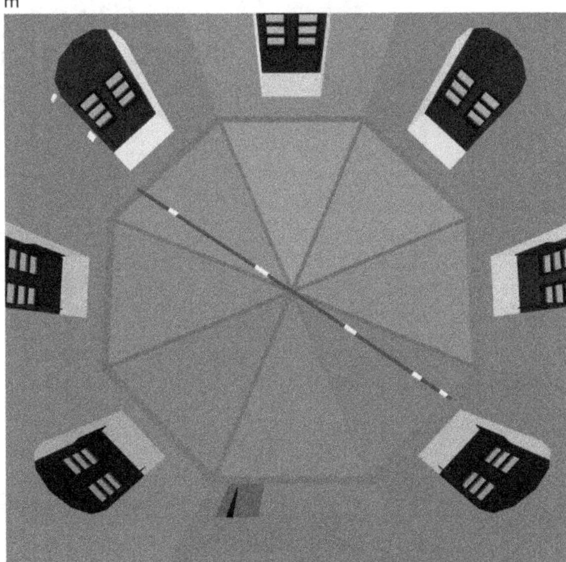

Venustas

La composición general del Observatorio obedece a lógicas distintas en su interior y en su exterior. Si se examinan las fachadas, se comprueba que corresponden a un lenguaje bastante simple y plano. Se trata de la aplicación de motivos que marcan en el cuerpo octagonal una clara diferenciación entre la base, el cuerpo y la cubierta, como corresponde a los preceptos clásicos. El interés del edificio, sin embargo, no está dado en la manera como utiliza estos motivos, sino en el ejercicio de aplicarlos en un edificio cuya premisa funcional es determinante. Así, la composición obedece a requerimientos de la función y en este sentido cada uno de los componentes está caracterizado espacial y formalmente.

Se puede afirmar que el Observatorio está construido para asegurar dos centros muy específicos, 120: el primero es el centro geométrico del octágono, que corresponde con el orificio por donde penetra el sol pintando su transcurrir en el suelo de la *camara*

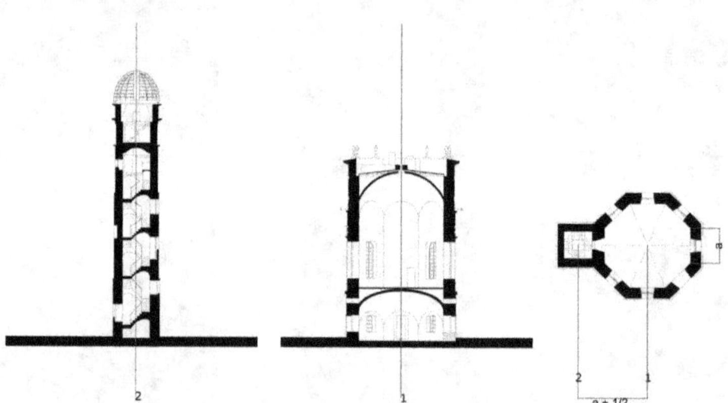

120. Diagrama que muestra los dos
ejes de composición básicos
tanto en planta como en alzado.

stellata, sobre la meridiana de bronce. El otro centro geométrico es el de la caja de la escalera que corresponde con la base sobre la cual se apoya el telescopio y el centro de la cúpula metálica. Estos dos centros constituyen la esencia del edificio y cada uno de los volúmenes se organiza en torno a los mismos, siendo además los centros que coinciden con los dos elementos funcionales más importantes del Observatorio: el óculo en la azotea y el telescopio.

El trazado geométrico se puede seguir mediante la construcción de figuras regulares, 121, que se organizan a partir del centro del octógono, determinado por el cruce de los ejes transversal y longitudinal [a].

El paso siguiente es el trazo de un triángulo equilátero cuya medida depende del diámetro externo que se le quiera dar al octógono [b]. Este triángulo es fundamental en la medida en que establece las relaciones, siempre proporcionales, entre el octógono y el cuadrado. En el caso particular resulta ser de aproximadamente 10,60 m, que equivale a una medida apenas justa para el terreno disponible y para la altura del gnomon solar.[85]

El paso que sigue corresponde al trazado de un cuadrado que sirva de base para trazar enseguida el octógono que indica el perímetro externo de la construcción [c].

Una vez establecido el perímetro del cuerpo octogonal se traza el cuerpo de la escalera a partir del punto de intersección entre el triángulo inicialmente trazado y el eje longitudinal. Esto permite construir ahora el perímetro total de los dos cuerpos [d].

Establecido el perímetro, se traza una copia paralela del mismo hacia el interior, según el espesor de los muros [e,f y g]. Esto depende ya de las razones constructivas como es la estimación de los empujes, los espesores requeridos para el aparejo de los muros y la altura del edificio.

[85] Ya se explicó cómo este cálculo de altura no resultó acertado y el sol por tanto "pinta" en las paredes.

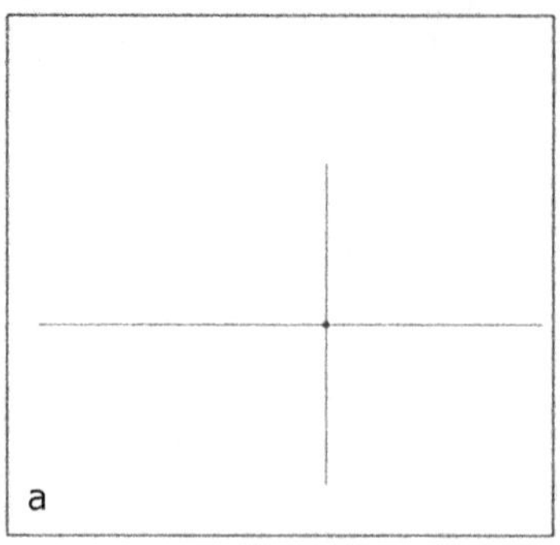

a

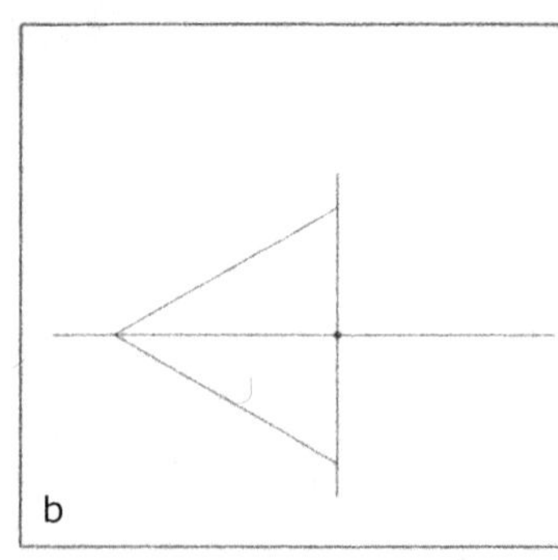

b

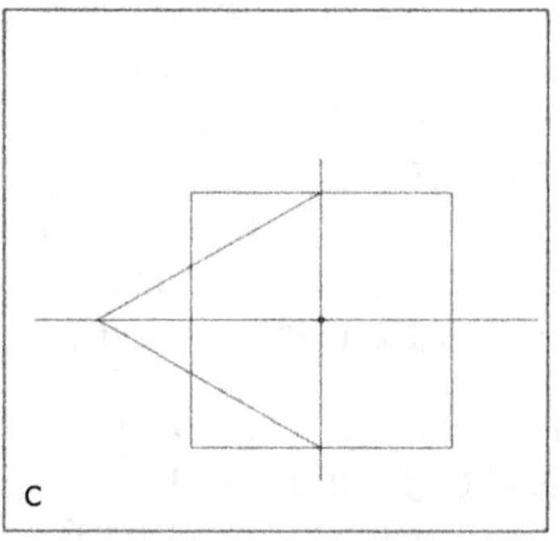

c

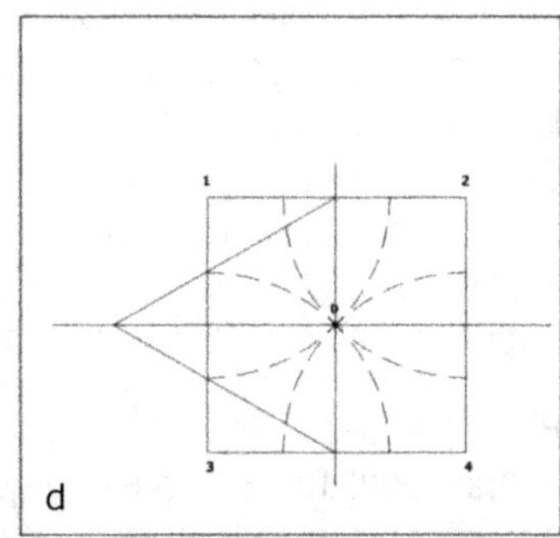

d

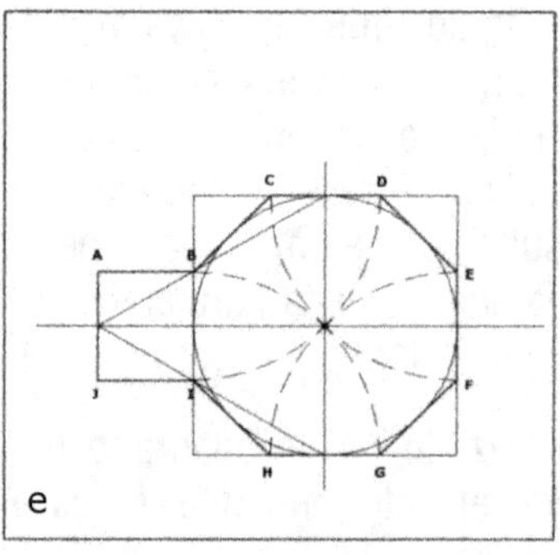

e

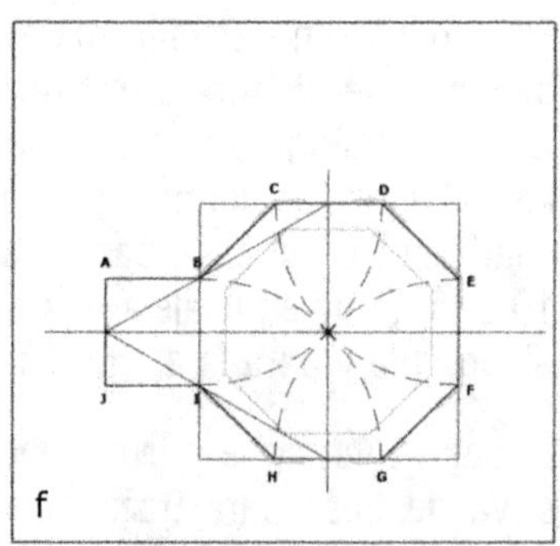

f

121. Trazado geométrico de la planta.

    a. Trazar los ejes transversal y longitudinal

    b. Trazar un triángulo equilátero cuyo lado será el diámetro del cuerpo octogonal

    c. Trazar un cuadrado de lado igual al del triángulo

    d. Trazar arcos con centros 1,2,3 y 4 que crucen 0

    e. Unir los puntos A,B,C,D,E,F,G,H,I,J

    f. Hacer una copia paralela del octógono a 1.10mts

    g. Hacer una copia paralela del cuadrilátero así: AJ = .85 ; A B y J I = .98 ; B I = .30

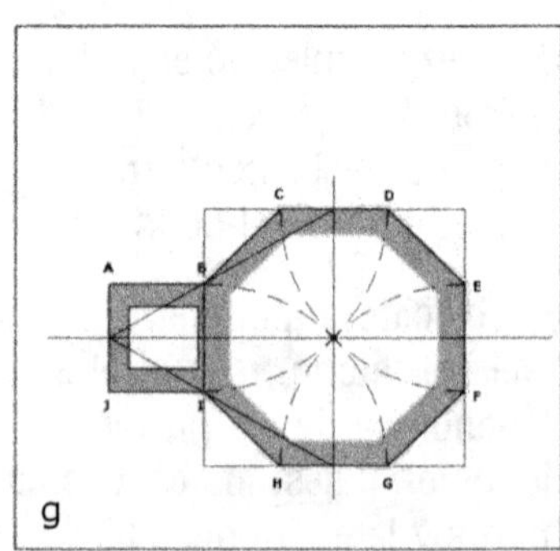

g

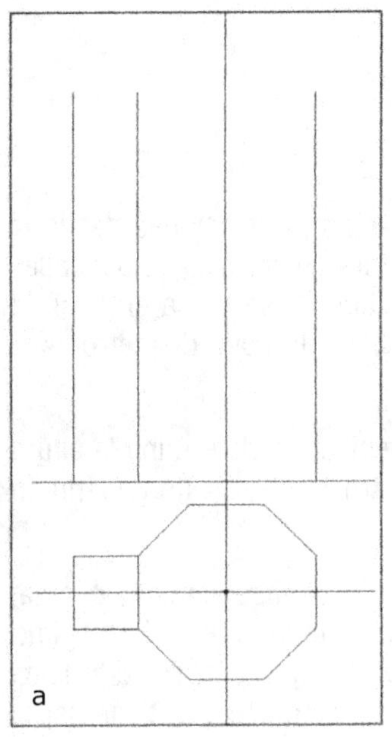

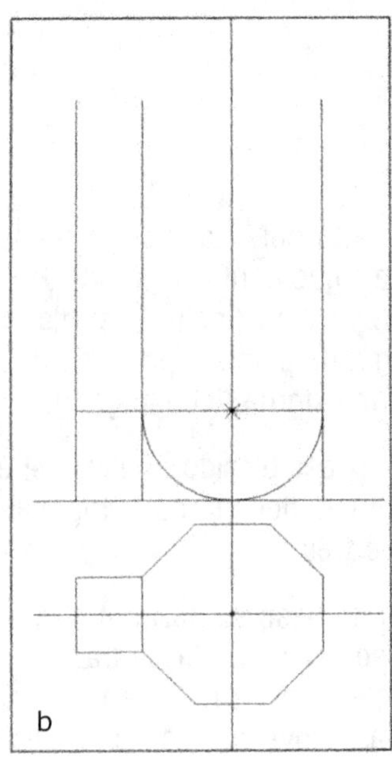

122. Trazado geométrico del alzado

   a. Proyectar las aristas de la planta geométrica

   b. Trazar horizontal correspondiente al diámetro del octógono

   c. Trazar el rectángulo A,B,C,D en proporción raíz de 3

   d. Trazar una horinzontal a partir del punto 0

   e. Trazar cúpula metálica y cúpula *camara stellata* con centro 1

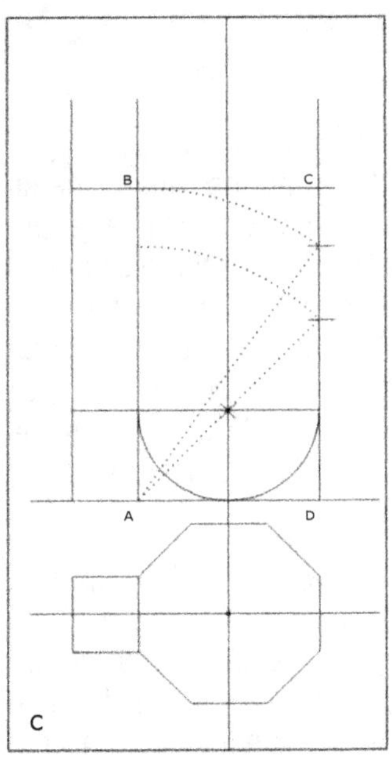

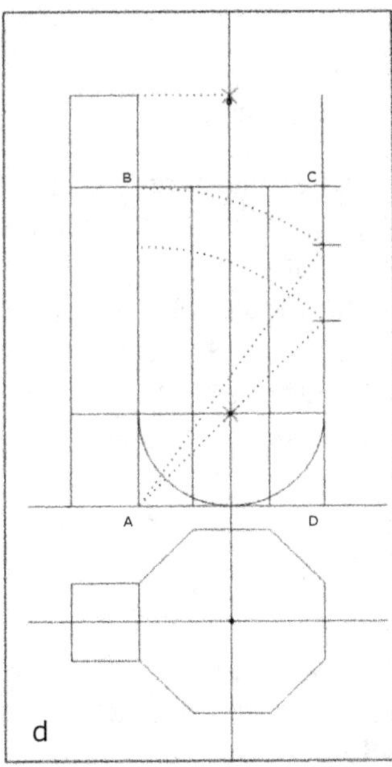

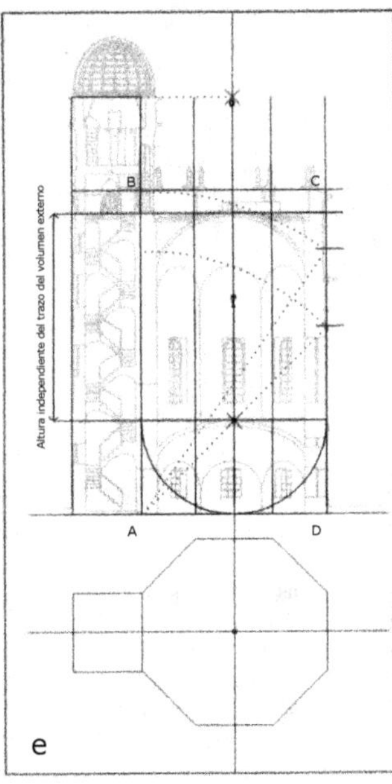

El trazado del alzado, 122, obedece a las proyecciones desde la planta como punto de partida. Una vez trazadas las líneas generales de proyección (incluido el plano de tierra), se ubica el nivel de la segunda planta a partir de un semicírculo cuyo diámetro es la medida externa del octógono.

Una vez establecido el nivel del entrepiso, se determina la altura del remate del cuerpo octogonal a partir de trazar un rectángulo raíz de tres.

El último paso es trazar el nivel sobre el cual se sienta la cúpula. Esto se hace a partir de trazar nuevamente el radio del octógono desde el remate del cuerpo principal. Luego se cruza esta línea con las proyecciones de la caja de escalera y se obtiene así la figura externa del edificio.

Comparación tipológica

La comparación entre los distintos observatorios a partir de su forma permite ver cómo estos acuden a unas condiciones especiales en cuanto al lugar para llevar a cabo su construcción, una geometría regular en sus plantas y alzados, unas proporciones similares en la resolución de algunos de los espacios característicos y unas premisas funcionales reiterativas. No obstante, se verifica también cómo el Observatorio de Santa fe no se ajusta necesariamente a estos parámetros, por las razones que ya se explicaron en el primer capítulo.

[86] El sistema más confiable para determinar la orientación de un edificio es por medio de un gnomon solar, que debe ser consultado durante varias fechas para con esto tener una determinación más exacta de los puntos cardinales.

En cuanto a la localización cabe anotar que uno de los aspectos esenciales en un edificio —función, como es el Observatorio— es el emplazamiento. Es así como antes de iniciar la construcción se hace necesario realizar un estudio acerca de su posición con respecto al norte[86], al entorno cercano y por supuesto al firmamento. Se encuentra que la mayoría de los observatorios están construidos en lugares altos, o por lo menos despejados de obstáculos inmediatos y con la mejor visibilidad posible respecto a la posición de los astros. En el Observatorio de París, por ejemplo, la determinación de su ubicación —precisamente en los jardines de Luxemburgo— se hizo durante un solsticio de verano, fecha en la cual se definió también que el meridiano de París pasaría por el centro de la construcción. Este hecho, a modo de ritual científico, determinó la posición y la orientación de las fachadas. Al observar las plantas se puede constatar que las caras de las fachadas son siempre paralelas y perpendiculares a los ejes cardinales. Condiciones similares de emplazamiento se verifican en los observatorios ingleses y españoles, en los que se escogieron lugares elevados con buena visibilidad (por lo menos en sus primeros años de funcionamiento). No obstante, en el caso de Santa fe las opciones no fueron muchas y el edificio forzosamente se construyó en medio de un contexto urbano poblado y con cierta densidad.

En lo que respecta a la caracterización espacial, es recurrente en los observatorios estudiados el recurso de volúmenes de doble altura. Las razones parecen obvias y es interesante descubrir que todos tienen la misma proporción —alto, ancho— y en la mayoría de casos se encuentran cubiertos por una cúpula.

La *camara stellata,* en todos los casos, se encuentra en un volumen autónomo o sobresale del volumen total del edificio para poder tener la vista en todas las direcciones. En el caso del Observatorio de París se tienen tres torres garantizando que se pueda observar en todas las direcciones. Por el contrario, en el de Santa fe no se puede observar por la cara suroccidental debido a la presencia de la torre de las escaleras. Dos ejemplos que cumplen en el mismo volumen la función de observar en todas las direcciones son los observatorios de Radcliffe y de Madrid.

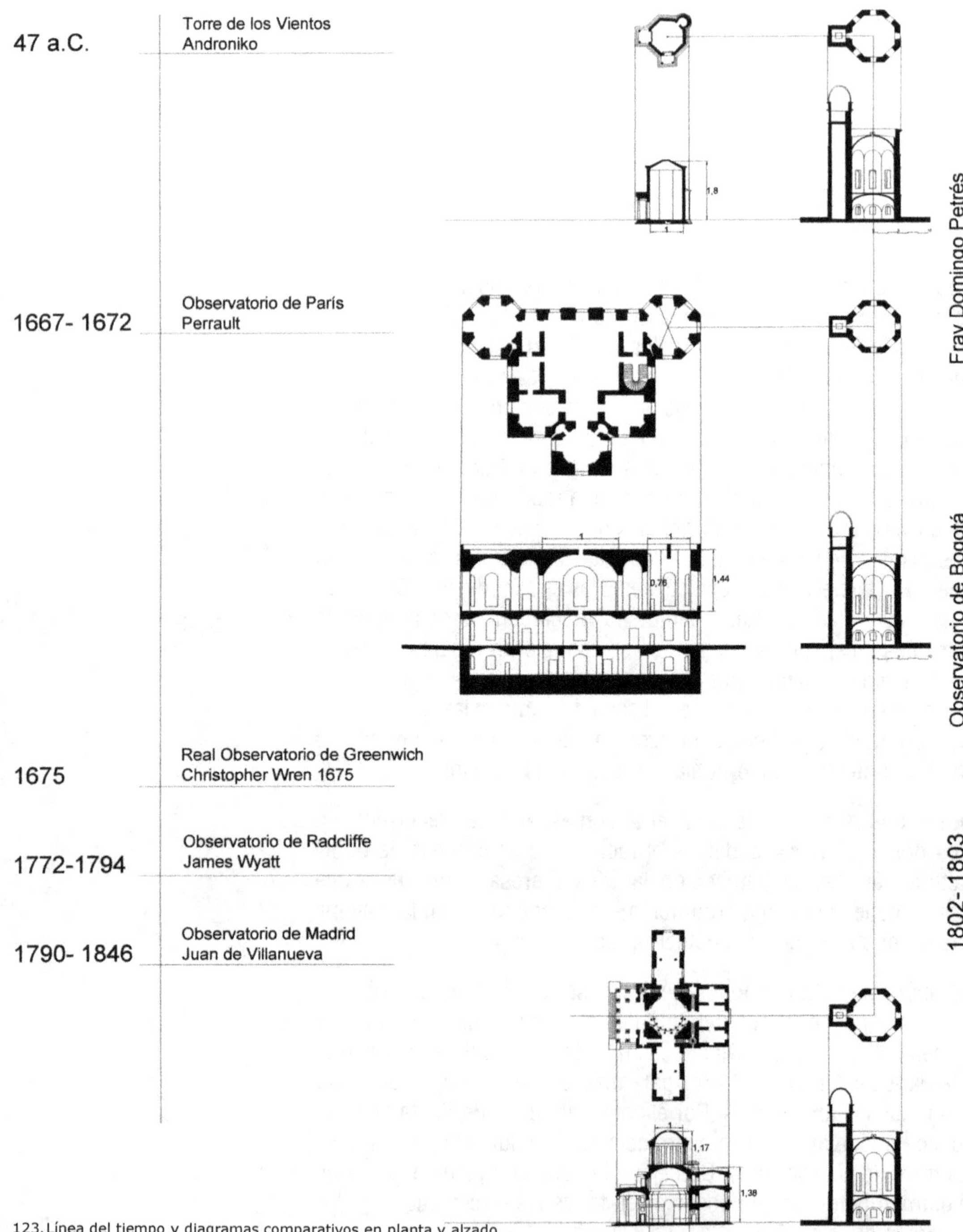

123. Línea del tiempo y diagramas comparativos en planta y alzado.

Uno de los problemas que se observan es la forma de acceder a este espacio principal sin interferir con las fachadas libres ni con el centro geométrico de la sala, donde puede llegar a tenerse un telescopio o una meridiana, como sucede en el de Santa fe. Es así como en muchos casos se accede primero a la terraza o a un nivel inferior y a partir de este se toma otro sistema de escaleras que lleva a la *camara stellata*. Nuevamente aquí encontramos cómo el Observatorio de Mutis y Petrés incluye el volumen de la escalera para llegar a todos los espacios y no resolver lo que en los demás casos parece ser un problema permanente.

Comentario final: ¿Qué significa el edificio?

Para que un atentado con bomba tenga actualmente cierta influencia sobre la opinión pública, debe ir más allá de la intención de venganza o de acto terrorista. Debe ser puramente destructivo. Debe ser eso y solo eso, ajeno a la más leve sugerencia de todo otro motivo...

—Sí— prosiguió con una sonrisa despectiva, la voladura del primer meridiano levantará seguramente un clamor de execración.

Joseph Conrad, *El agente secreto*

La cita de la novela de Conrad se refiere a la discusión que tiene lugar entre un grupo de anarquistas que quiere a toda costa generar un daño irreparable y a la vez simbólico contra la sociedad y las instituciones inglesas de finales del siglo XIX. Para esto, han llegado a la decisión de volar con bomba el Observatorio de Greenwich. Justo ahí, donde cruza el primer meridiano, logrando con esto el acto más significativo para sus perversos fines: acabar con una referencia, un símbolo fundamental del dominio inglés en un mundo, donde Greenwich es el punto y la medida que ordena el tiempo y así mismo el espacio en tanto que es el destino del que parten y al que arriban las embarcaciones en las que se transportan las riquezas del vasto imperio. Algo así como el ombligo del mundo y estos imaginarios personajes quieren atacarlo en su punto más sensible. El Observatorio es la representación material de esta condición simbólica.

En un contexto similar, el Observatorio de Cádiz, podría también decirse, cumplió una misión similar, llegando a ser punto a partir del cual se determinaron las longitudes en las colonias que, como sabemos, determina, con asombrosa precisión el propio Caldas. Así, el tiempo en las colonias españolas era relativo al tiempo en Cádiz y las distancias tenían una referencia única: la longitud desde este punto en la península Ibérica.

La cuestión puede por tanto transferirse al Observatorio construido por Mutis y mas exactamente al momento en que se decidió ubicar sobre su azotea el punto (1000 000, 1000 000) originó el sistema de coordenadas de la nación. Este punto se convirtió inmediatamente en la referencia para todas las mediciones geográficas (latitud, longitud y altitud), hecho que coincide, casi exactamente, con la localización de los poderes, caracterizada por el centralismo. En este sentido, el Observatorio, podría decirse, se ubica en medio de este espacio simbólico y como en Greenwich ó en Cádiz es su representación material.

Por otra parte, este edificio, el último de la Colonia y el primero de la República, híbrido entre las prácticas tradicionales largamente probadas y las novedades incluidas por el ingenio de Petrés, ha permanecido en pie pese a los terremotos, tanto telúricos, políticos como arquitectónicos: valga tan solo recordar los proyectos de Pablo de la Cruz, Gabriel Sánchez Grillo, Le Corbusier, Bruno Violi y Carlos Martínez, entre otros, para confirmar cómo en sus decisiones se reconoció la especial significación que ha tenido. Significado que se asocia, además, al sitio donde tuvieron lugar los discursos románticos de Caldas, Torres, Lozano y desde donde pudieron verse horrores tan oprobiosos como los del golpe de Melo o los del 9 de abril de 1948.

Es en definitiva un fragmento de la memoria, un testimonio del pasado y merece por tanto especial consideración: ya sea aquella que le confiere la historia o la tradición con su capacidad para legitimar los valores monumentales o también la de la ciencias, que en este ejemplo puede encontrar pruebas de la sofisticación alcanzada en los procedimientos y las intenciones durante los primeros años del siglo XIX. O también, por qué no, se puede considerar una prueba del arte, y en esto, obviamente el de la arquitectura. Finalmente, se trata de un edificio y como tal es posible verlo, para aprender acerca de las maneras en las que se puede obrar con sencillez, ingenio y coherencia. En un proceso que incluye la tradición y también la experimentación. Se trata de un ejemplo en el que se verifica cómo un sólido principio ético de partida puede llevar a la belleza y al terreno más propicio donde desplegar la lógica.

Es así como mediante este ejercicio, que ha supuesto la concentración en un edificio específico, se puede comprobar que las posibilidades de asociación con temas diversos es muy amplia y como si se tratara del *Aleph* de Borges, mirar dentro de este fragmento es un camino para ver el universo que explica su creación y así mismo, el universo que implica pensar en su condición de sujeto histórico presente.

124. El actual director del Observatorio, Dr. William Cepeda, clava con un improvisado martillo una puntilla en el punto exacto donde se origina el sistema nacional de coordenadas (punto 1000.000 N, 1000.000E) ante la mirada atónita de los profesores Daniel Cardoso y Francisco Bohórquez, testigos de tan singular acto.

5. Ejercicios asociados

125 y 126. Fiesta de disfraces en la que los edificios estudiados fueron el motivo.
Taller de Arquitectura.

Uno de los propósitos que ha tenido el estudio del Observatorio, así como el de otras formas construidas, ha sido su posible aplicación en ejercicios instrumentales y de diseño básico para los estudiantes de arquitectura. Los ejemplos que se han estudiado han variado en escala y complejidad con el fin de ajustar la mirada en cada caso: la ciudad, vista en términos de paisaje o bien como sector que se recorre; los conjuntos construidos, sean estos regulares (planeados) o irregulares (espontáneos); y los edificios, aislados o entre medianeras. Pueden ser tan grandes como el Museo Nacional o tan pequeños como el Quiosco de la Luz, modernos como el Pabellón del Café ó pertenecientes al pasado como las casas e iglesias coloniales. Todos estos han sido pretextos para que a partir de su estudio, los estudiantes del primer semestre desarrollen la capacidad de ver, representar, entender e interpretar a través de distintos ejercicios, cada uno enfocado a cumplir unos objetivos y unos contenidos determinados, asociados a cada una de las cinco asignaturas del ciclo: Taller de Arquitectura, Taller de Historia, Taller de Dibujo, Taller Técnico y Taller de Ciencias.

126

El dibujo

Según se explica en el capítulo 3, dedicado a la representación, el dibujo ha sido un importante componente en el estudio de este edificio y este ha variado entre los bocetos, dibujos técnicos (a lápiz) y dibujos asistidos por el computador.

En este caso se indican algunas aplicaciones del color en acuarelas sobre dibujos realizados con instrumentos, aprovechando la condición simétrica del edificio para oponer plantas y alzados distintos en una misma vista. El uso del color también sirve para estudiar el color y la textura de los materiales, así como la incidencia de las sombras.

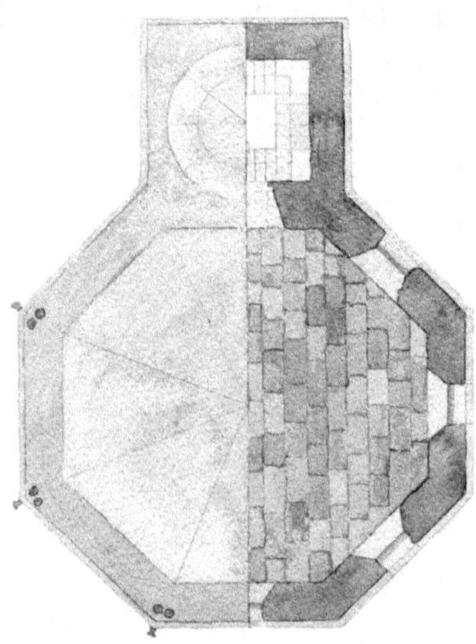

127. Acuarela, realizada por Alessandra Morales, entonces estudiante del Taller de Dibujo 1 (II- 99).

La maqueta plegable

Construir desde un plano de cartón Basic de 50 x 35 cm el volumen del edificio.

Se debe hacer una descomposición de los planos (plantas alzados) de manera que unidos por sus aristas generen el desarrollo del volumen.

El objetivo es describir en términos de proyecciones planas el desarrollo del volumen del edificio y lograr además el uso de una cantidad limitada de material asegurando mantener las proporciones de manera precisa.

128

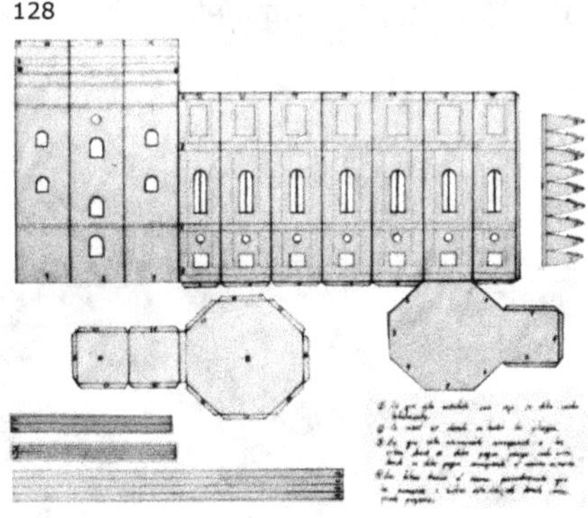

129

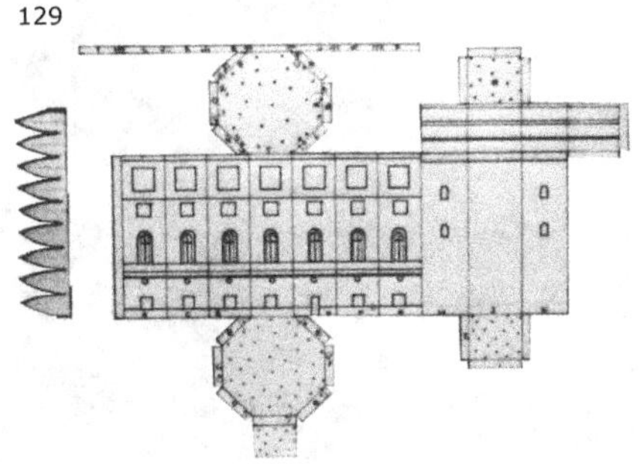

128. Maqueta plegable, realizada por Faiber Escobar y Cristian Gálvis. Taller de Arquitectura.

129. Maqueta plegable, realizada por Manuela Rodríguez y Verónica Pérez. Taller de Arqui-tectura.

Las escaleras

Uno de los problemas espaciales y funcionales presentes en el Observatorio es, sin duda, la solución de la escalera: debe por una parte obedecer a un sistema que permita la construcción de los tramos en forma y equivalente que así mismo entregue en los distintos niveles.

Con esta definición del problema, se planteó que los estudiantes, en grupos de tres, concibieran un recorrido dentro de un volumen dado, atendiendo la fórmula ideal entre huella y contrahuella: $h + 2ch = 64$ cm. Se debía acordar además unos niveles de empate donde unir los volúmenes entre sí y de esta manera generar una solución completa.

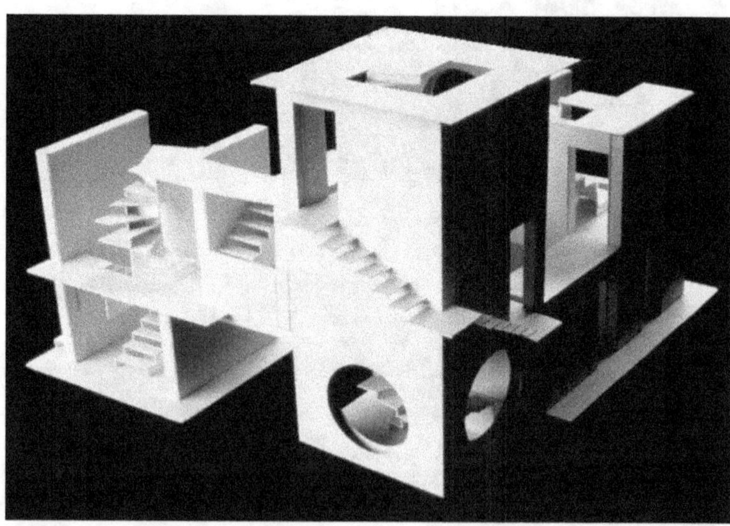

130. Composición de escaleras.
Realizado por Sandra Maz,
Julián Pérez y Nadia Méndez.
Taller de Arquitectura.

El trazo geométrico del octágono

(a partir del método de un cuadrado existente).

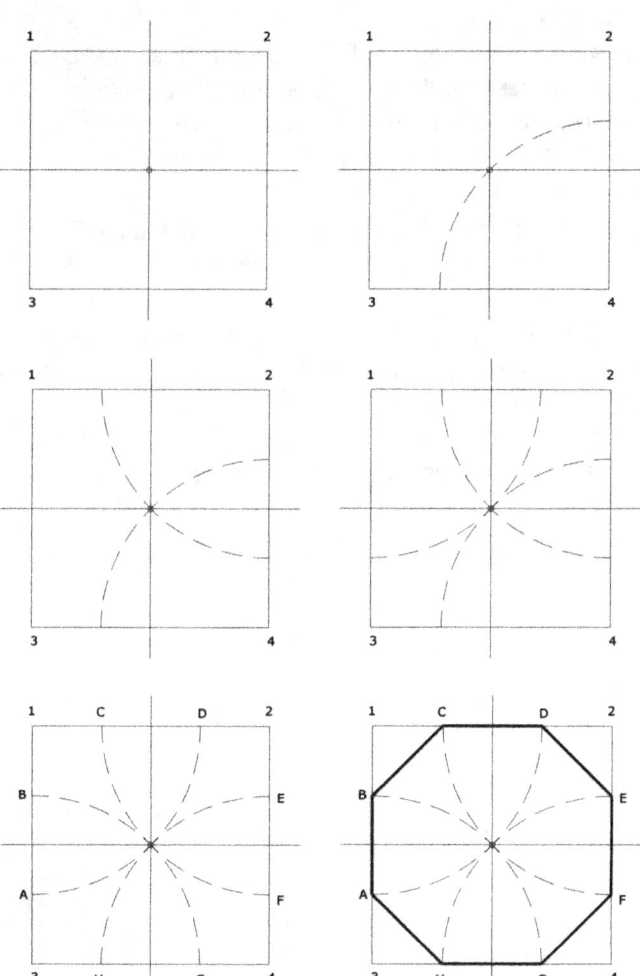

Paso 1

Trazar una línea horizontal y su correspondiente vertical. A partir del cruce (punto C), trazar un cuadrado dentro del cual se inscribirá el octógono.

Paso 2

Con centro en cualquiera de las esquinas del cuadrado y pasando por el centro C, trazar un arco.

Pasos 3, 4 y 5.

Repetir la operación anterior desde las otras esquinas.

Paso 6

Unir los puntos resultantes de la intersección de los arcos con el cuadrado de base y obtener así un octágono regular.

131. Esquema de los pasos para obtener un octágono regular a partir de un cuadrado. Taller de Dibujo.

La construcción de cúpulas hemisféricas

A B = Circunferencia del círculo de base.

A C = ¼ de A B

La división del segmento A B se hace en tantas partes como se juzgue necesario, de acuerdo al nivel de precisión que se quiera alcanzar así como al espesor del material en el que se esté trabajando. (Mayor cantidad de segmentos equivale a mayor precisión.)

El segmento del arco A C resulta de prolongar la mediatriz de la recta A B perpendicularmente hasta encontrar la intersección de la recta A B.

Una vez trazado el arco A C, se continúa con la operación hasta completar la longitud A B, para hacerlo luego en el otro sentido y obtener así los arcos ojivales que, recortados y ensamblados, producen la semiesfera. (Es importante prever unas pestañas para poder pegar los segmentos entre sí.)

132. Esquema para el trazado de una cúpula semiesférica. Taller de dibujo aplicable en el Taller de Historia.

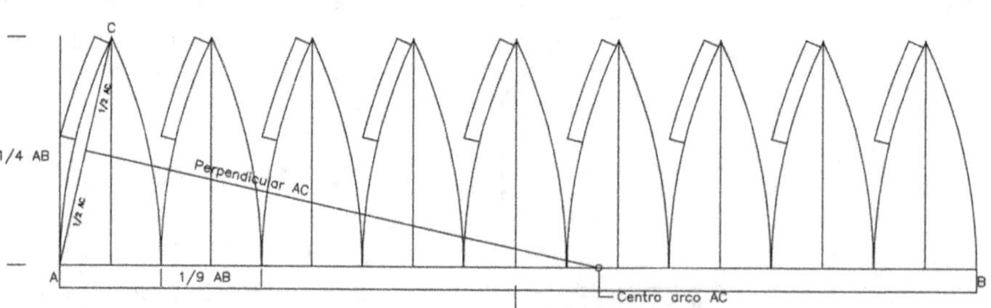

Análisis comparativo de edificios

La mirada a los edificios se enriquece especialmente cuando se hacen comparaciones. Estas han sido, en el caso de este ejercicio, basadas en los principios constructivos, funcionales y compositivos (*firmitas, utilitas y venustas*).

Los ejemplos escogidos para adelantar estas miradas compositivas han sido tres edificios aislados y con características arquitectónicas bien distintas (en apariencia), construidos además en épocas diferentes.

A través de la comparación el ejercicio buscaba entender aquellos puntos que resultaban diferentes y aquellos que eran comunes entre sí, para con esto establecer unas conclusiones generales.

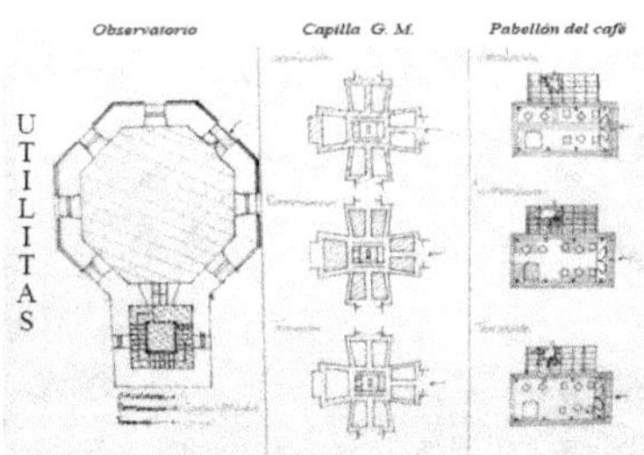

133. Análisis comparativo. Trabajo realizado por Diego Jaimes, Martín Villegas y Andrés Hernández. Taller de Arquitectura, aplicable en el Taller de Historia.

UNIVERSIDAD DE LOS ANDES
FACULTAD DE ARQUITECTURA
ARQUITECTURA 1
Segundo semestre 2001

LECCION 3
EJERCICIO No. 5.0 Los Edificios

---

[1] Observatorio astronómico. Calle 8ª cra 8ª, Bogotá. Fray
Domingo de Petrés, arquitecto. 1803 1804.
[2] Capilla Gimnasio Moderno
[3] Pabellón del Café, Museo Nacional de Colombia

134. Primera página de la guía para
el ejercicio "los edificios" realizado en el primer semestre de
carrera (2001)

TEMA

El tema del presente ejercicio comprende el estudio
comparativo de tres edificios para verificar en ellos
los aspectos que resulten comunes y aquellos que
resulten propios. Con esto, se podrá adelantar una
propuesta de diseño en la que se hagan evidentes
estas características.

Este ejercicio, además de atender algunos de los
contenidos vistos anteriormente, busca profundizar
en los temas de representación arquitectónica,
basados en las proyecciones ortogonales y el
análisis, a partir de la "triada vitruviana", compuesta
por *firmitas, utilitas y venustas*.

Firmitas, se refiere a la manera como se sostienen
los edificios. En este aspecto se tendrán en cuenta la
estructura, el cerramiento y los materiales.

Utilitas, se refiere a la función que cumple el edificio y
será tratado a partir de la circulación, la permanencia
y la transición.

Venustas habla de la belleza de los edificios y su
aspecto formal. En esto se considerará la estructura
de orden (geometría, proporción y escala), la
organización espacial y la percepción.

OBJETIVO

1. Representar gráficamente los edificios por medio
de proyecciones ortogonales, perspectivas interiores
exteriores y maquetas.

2. Verificar en estos ejemplos, los componentes
constructivos, de uso y de forma.

3. Aplicar algunos de los principios estudiados en un
ejercicio de diseño, asociado a los problemas
estudiados con anterioridad.

METODO

El método general del ejercicio parte del
reconocimiento de los edificios. Esto Comprende tres
etapas:

1
Visita: en la cual se realizará una observación general
que incluirá, además del edificio, su entorno
inmediato.
2
Taller: se harán los dibujos (con instrumentos) de los
edificios a partir de sus proyecciones ortogonales
básicas. Esta etapa, inicia en el taller y contará con el
apoyo del taller de dibujo.
3.
En grupos de tres estudiantes se adelantarán
simultáneamente los tres módulos que
componen el ejercicio: el primero, tiene como
finalidad adelantar una representación completa

El cálculo de altura de un edificio por medio de un astrolabio

El astrolabio, instrumento conocido desde la antigüedad, permite, a partir del principio de los triángulos semejantes, calcular la altura de los edificios. Aplicación que se utilizó para poder tener una estimación de la altura del Observatorio.

ASTROLABIO

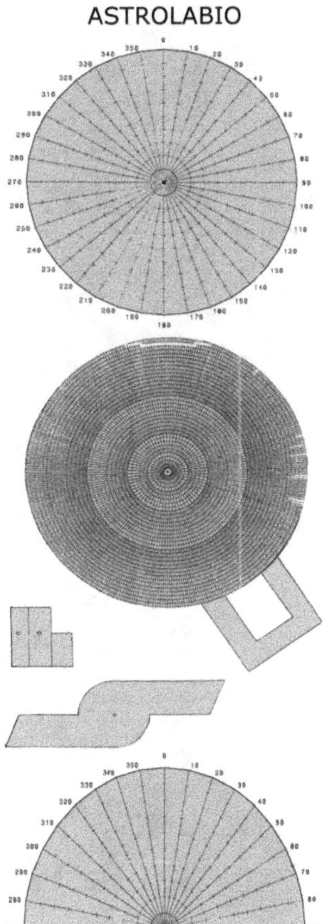

135. Componentes de un astrolabio.

- Desde la posición A medimos con el astrolabio el ángulo α.

- Avanzamos horizontalmente la distancia a hasta el punto B, acercándonos al objeto. (No conocemos la distancia x del punto B al objeto distante, pero no la necesitamos.)

- En la posición B medimos con el astrolabio el ángulo β.

- Con los datos medidos α, β, a, determinamos la altura h del objeto distante, así:

$\tan(\alpha) = h / a + x$

$\tan(\beta) = h/x$

$X = h / \tan(\beta)$

$\tan(\alpha) = h / a + h / \tan(\beta) \rightarrow a \tan(\alpha) \tan(\beta) + h \tan(\alpha) = h \tan(\beta)$

$h = a \tan(\alpha) \tan(\beta) / \tan(\beta) - \tan(\alpha)$ [87]

[87] Tomado de la guía del ejercicio "Astrolabio" (I 02). Taller de Ciencias, aplicado en Taller de Arquitectura.

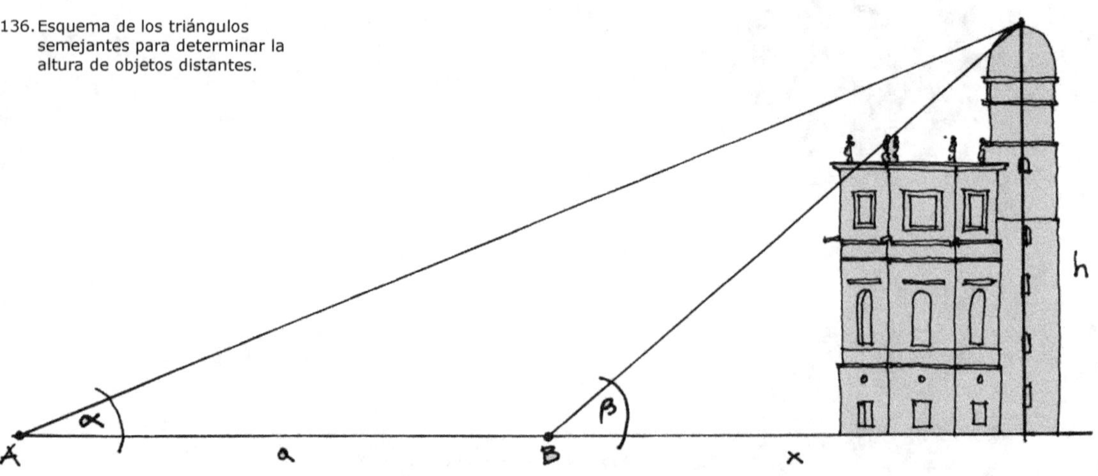

136. Esquema de los triángulos semejantes para determinar la altura de objetos distantes.

Glosario

Altitud. La altitud se refiere a la distancia vertical entre un punto y el nivel del mar. En el caso de Bogotá, esta se midió por mucho tiempo con referencia al pavimento del Observatorio, pero recientemente esta medida se toma en el aeropuerto. Caldas ideó el hipsómetro, un simple dispositivo basado en el punto de ebullición del agua, partiendo del hecho de que a nivel del mar esta ocurre a los 100 °C.

En Bogotá, medida en el Observatorio, según Belisario Arjona, la altitud es 2624,88 m.

Azimut. Es el ángulo que se mide sobre la línea del horizonte, contando en la misma dirección de las agujas del reloj. Así, la dirección norte es 0 y 360°, la dirección este es 90°, la dirección sur es 180°, y la dirección oeste, 270°.

Bóveda Catalana. Llamada también bóveda tabicada. En el observatorio se utilizó para realizar los tramos de las escaleras. Está construida con ladrillos (racilla) colocados uno al lado del otro sobre la cimbra para formar la base inferior curva que recibe el relleno de cascote formando los peldaños.

Cimbra. Generalmente de madera o metálica. Funciona como soporte durante el proceso de construcción de arcos o bóvedas. En el caso del observatorio se construyó una cimbra para la escalera y otras para las cúpulas de los salones.

Clepsidra. La clepsidra, palabra compuesta por la raíz griega *klepto,* que significa "robar", y la raíz *sidera,* que significa tiempo. Así clepsidra quiere decir "robar el tiempo". Para hacerlo, se perfeccionó un mecanismo compuesto por el paso del agua a través de unos conductos que en su movimiento hacían girar unos mecanismos en forma regular. Este mecanismo se podía graduar para que correspondiera con la división del tiempo en unidades regulares (horas). La clepsidra es una evolución de la medición del tiempo a través de los relojes solares y llegó a ser un componente importante en algunas ágoras griegas, donde se le llamó el reloj del pueblo.

Declinación. Corresponde al ángulo entre el plano del Ecuador celeste y el Sol. Este ángulo alcanza un máximo de 23° en cada uno de los solsticios, lo que quiere decir que medido sobre el Ecuador, esta distancia de 23° es equivalente al sur y al norte.

Edículo. Edificio pequeño, reducción de un monumento.

Equinoccio. "Cada uno de los puntos de intersección del ecuador celeste con la elíptica. En los pasos por los equinoccios, el Sol recorre, en el movimiento diurno, el círculo del ecuador, y por tanto las duraciones del día y de la noche son iguales para todos los puntos de la Tierra, excepto en los polos. Se distingue el *equinoccio de primavera* y el *equinoccio de otoño*, pues el paso del Sol por esos puntos, señala el comienzo de esas estaciones [...]."[88]

Gnomon solar. Se trata de un simple sistema para poder verificar el movimiento del Sol, basado en la sombra que proyecta un elemento vertical o bien en un rayo de sol que penetra desde arriba, en un lugar oscuro.

Los obeliscos son una de las formas más primitivas de *gnomon solar* al que los romanos adicionaron escalas de medida y llamaron *orologium.*

Hipsómetro. "Termómetro muy sensible dividido en décimas de grado que sirve para medir la altitud de un lugar, observando la temperatura a que empiza a hervir el agua".[89]

Latitud. La latitud es la distancia existente entre un punto sobre la Tierra y el Ecuador. Distancia que se mide en grados, siendo esta medida positiva en el hemisferio norte y negativa en el hemisferio sur. Esta medición se hace tomando el Sol o una estrella como referencia. Para esto, se requiere un astrolabio, sextante, octante o bien un telescopio meridiano.

[88] Diccionario Quillet. Editorial Arístides Quillet, Buenos Aires 1967.

[89] Diccionario Quillet. Editorial Arístides Quillet, Buenos Aires 1967.

En Bogotá, la latitud norte, según el Instituto Geográfico Agustín Codazzi, es 4° 35′ 56″ 57‴.

Longitud. La longitud es la distancia existente entre un punto sobre la Tierra y el meridiano cero (Greenwich). Para lograr esta medición se requiere conocer la hora en el meridiano cero y simultáneamente la hora en el punto que se va a medir: se sabe que la Tierra gira 15° cada hora. La dificultad de esta medición radica en la necesidad de contar con relojes de gran precisión.

La longitud de Bogotá es 74° 04′ 51″ 4‴ W de Greenwich.

Meridiana. Líneas imaginarias que cruzan la tierra en sentido norte-sur. La determinación de las meridianas proviene de la subdivisión del diámetro de la Tierra en segmentos regulares, medidos desde el centro de la Tierra.

Los meridianos sirven para establecer la hora en cada punto del planeta, basados en el hecho de saber que cada 15 grados de giro corresponden a una hora.

El meridiano cero ha cambiado a lo largo de la historia, y ha sido también un símbolo de poder: En el XVIII este meridiano cruzaba por París y más adelante por Greenwich. La medición de longitud que hizo Caldas partió del Observatorio de Cádiz, lo que permite suponer que desde ahí se tomaba la referencia para las colonias.

Solsticios. "Cualquiera de los dos puntos de la elíptica mas alejados del ecuador, situados sobre la recta perpendicular a la que une los equinoccios. Actualmente un solsticio se encuentra en la constelación de los gemelos (solsticio de verano o venal para el hemisferio norte o de invierno o hiemal para el hemisferio sur) y en la constelación de Sagitario el otro solsticio [...] si se observa el sol sobre el horizonte de esta época, parece estar estacionado durante varios días"[90]

[90] Diccionario Quillet. Editorial Arístides Quillet, Buenos Aires 1967.

Bibliografía

Álvarez Lleras, Jorge (Director) Caro, Victor E . Cuervo Márquez, Luis . López de Mesa, Luis . Murillo, Luis María . (Comité de redacción).
Revista de la Academia Colombiana de Ciencias exactas, físicas y naturales correspondiente a la española.
Volumen II. Enero a Marzo de 1938. N450 número 6.

Álvarez Lleras, Jorge.
Reseña Histórica del Observatorio Astronómico y Metereológico de Bogotá, desde el año 1803 hasta el presente.
Editorial Aguila negra, Bogotá, abril 1931.

Álvarez Lleras, Jorge
Longitud y latitud del Observatorio
Escuela tipográfica Salesiana. Bogotá 1935

Arango de J, Silvia
Historia de la Arquitectura en Colombia
Centro editorial y Facultad de Artes. Universidad Nacional de Colombia. Bogotá, primera edición 1989.

Arias de Greiff, Jorge
La astronomía en Colombia
Academia Colombiana de ciencias exactas, físicas y naturales. Editorial Guadalupe Ltda. Bogotá 1993.

Bateman D, Alfredo
El Observatorio Astronómico de Bogotá. Monografía histórica con ocasión del 150º aniversario de su fundación
Universidad Nacional de Colombia, Bogotá, Agosto 20 de 1953.

Colón Llamas, Luis Carlos . Escovar Wilson-White, Alberto . Niño Murcia, Carlos . Saldarriaga Roa, Alberto .
El patrimonio Urbano de Bogotá. Ciudad y arquitectura
El Ancora editores, Alcaldía mayor de Bogotá 2003

Coronel Arroyo, Jaime. Combarías Díaz, Leopoldo. Uribe Céspedes, Gabriel Nariño Collás, Antonio.
El Arquitecto y la nacionalidad
Publicación de la Sociedad Colombiana de Arquitectos. Director Manuel Carrizosa Ricaurte. Editorial Andes, Bogotá 1975.

Cordovez Moure, José María
Reminiscencias de Santafé y Bogotá
Gerardo Rivas Moreno, editor. 1ª edición colombiana 1997, com prólogo de
Germán Rodrigo Mejía Pavony. ISBN: 958-9480-21-7

Corradaine Angulo, Alberto
Apuntes sobre Bogotá. Historia y Arquitectura
Col. Biblioteca de Historia Nacional Volumen CLIX (1902 – 2002). Academia
Colombiana de Historia/ Ministerio de Educación Nacional. Bogotá 2002. ISBN
958-95765-08 (colección). ISBN 958-8040-28-0 Volumen CLIX

Corradaine Angulo, Alberto
Historia de la arquitectura colombiana. Volumen colonia 1538 – 1850
Editorial Escala, Bogotá 1989. ISBN 958-95226-1-0

Corradaine Angulo, Alberto
Historia del Capitolio Nacional de Colombia
Editorial Escala Ltda. Bogotá. Segunda edición 1998. ISBN 958-9004-60-1

De la Rosa, Moisés
Calles de Santafé de Bogotá.1938 Edición facsimilar
Academia de Historia de Bogotá y Tercer Mundo editores. Bogotá 1988.
ISBN 958-601-179-8

De Alcacer, Fray Antonio
Fray Domingo de Petrés, Arquitecto Capuchino
Ediciones, Seminario Serafico Misional. Editorial Manrique, Bogotá 1958.

Del Castillo Daza, Juan Carlos
Bogotá. El tránsito a la ciudad moderna 1920 – 1950
Universidad Nacional de Colombia, Editorial Guadalupe, Bogotá 2003. ISBN:
958-701-354-9

Escovar, Alberto. Mariño, Margarita. Peña, César
Atlas Histórico de Bogotá 1538 – 1910
Corporación La Candelaria , Grupo editorial Planeta Colombiana S.A. 1ª
edición 2004. ISBN 958-42-0829-2

Escovar, Alberto. Prologo: Juan Gustavo Cobo
Guía Bogotá, Centro Histórico
Ediciones gamma. Colección guías elarqa de arquitectura. Segunda edición
2005. ISBN 958-9308-95-3

Garavito Armero, Julio
Reseña Histórica del Observatorio de Bogotá
Artículo publicado en Revista Ilustrada. Crónica, ciencias, arte, literatura.
Director Pedro Carlos Manrique. Año 1, Vol 1, Febrero 27 1899. No 10.

Gómez Carder, Gabriel Jaime
El día que Humboldt llegó a Cartagena de Indias
Ed. Colina. 1ª edición, Colombia, 2002. ISBN 958-33-4018-9

González Bernal, David Miguel
El Observatorio Astronómico de Santafé de Bogotá
Universidad Sergio Arboleda. Bogotá 2003. ISBN 958-8200-18-0

González González, Francisco José
Astronomía y Navegación en España Siglos XVI – XVIII
Editorial MAPFRE, Madrid 1992.

Gutiérrez, Ramón / Vallín, Rodolfo / Perfetti, Verónica
Fray Domingo de Petrés y su Obra arquitectónica en Colombia
Banco de la República y El Ancora editores. Primera edición. Bogotá 1999.
ISBN 958-96577-3-7

Hernández de Alba, Guillermo
Guía de Bogotá, Arte y tradición. (Ilustraciones de Jorge Franklin)
Librería Voluntad, Bogotá 1948

Ibáñez, Pedro A.
Crónicas de Bogotá
Academia de Historia de Bogotá – Tercer Mundo Editores. Segunda edición
(en cuatro tomos) 1951. ISBN 958-601-232-8 Obra completa.

Instituto Colombiano de Cultura
Monumentos nacionales de Colombia. Catálogo.
Investigación CEAM. Dirigida por Alberto Saldarriaga. Editorial Escala, Bogotá
1994. ISBN 958 -612-186-0

Jaramillo González, Samuel.
Diario de la luz y las Tinieblas. Francisco Joseph de Caldas. (Novela)
Grupo editorial Norma. Bogotá 2000. ISBN 958-04-5772-7

Levy, David H.
Observar el cielo
Editorial Planeta. Barcelona 1998. ISBN 84-08-01474-9

Martínez Jiménez, Carlos
Santafé, capital del Nuevo Reino de Granada
Banco Popular, Ediciones PROA, Bogotá 1987.

Martínez Jiménez, Carlos
Apostillas y reseñas, Bogotá. Cuadernos PROA No 4.
Editorial Proa, Bogotá 1983

Misión Colombia (Puyo Vasco, Fabio. Director de la obra)
Historia de Bogotá. Tomo I a III.
Edición conmemorativa de los 450 años de su fundación. Edición, Misión
Colombia y Benjamín Villegas. Bogotá 1988.

Nieto Olarte, Mauricio
La obra cartográfica de Francisco José de Caldas
Mauricio Nieto Olarte; Santiago Muñoz Arbeláez, Santiago Diaz-Piedrahita,
Jorge Arias de Greiff. Bogotá: Universidad de los Andes, Facultad de Ciencias
Sociales, Departamento de Historia, CESO, Ediciones Uniandes; Academia
Colombiana de Historia; Academia Colombiana de Ciencias Exactas, Físicas
y Naturales; ICANH, 2006. ISBN 958-695-245-2

Nieto Olarte, Mauricio
Remedios para el Imperio, historia natural y la apropiación del nuevo mundo
Universidad de los Andes, Facultad de ciencias sociales – Ceso , Departamento
de Historia. Segunda edición 2006.

Niño Murcia, Carlos
Arquitectura y Estado
Universidad Nacional de Colombia. Segunda Edición, Bogotá 2003.
ISBN 958-701-282-8

Ortega Ricaurte, Daniel
Cosas de Santafé de Bogotá
Academia Colombiana de Historia, Editorial A B C, Bogotá 1959.

Patiño Borda, Mariana
Monumentos Nacionales de Colombia
Instituto Colombiano de Cultura (Colcultura). Editorial Escala,(edición limitada a 1000 ejemplares). Bogotá 1983.

Picon, Antoine
Claude Perrault 1613 – 1688 ou la curiosité dún classique
Picard Editeur, caisse nacional des monuments historiques et des sites délégation á l´action artistique de la ville de Paris.

Saldarriaga Roa, Alberto.
Guía de Arquitectura Bogotá Colombia
Facultad de Arquitectura Universidad de Los Andes. Bogotá 1994. ISBN 958-9054-28-S

Saldarriaga Roa, Alberto; Rivadeneira Velásquez, Ricardo y Jaramillo, Samuel.
Bogotá a través de las imágenes y las palabras
TM Editores, Observatorio de Cultura Urbana. Bogotá 1998

Silva, Renán
La Ilustración en el virreinato de la Nueva Granada. Estudios de historia social.
Col. La Carreta histórica. La carreta ediciones E.U. Medellín 2005. ISBN 958-97449-6-6

Sociedad de Mejoras y Ornato de Bogotá y Editora Arco s.a.
Bogotá, el 6 de agosto de 1938
Tercera edición. Bogotá 2001.

Spencer Jones, Harold
The Royal Observatory, Greenwich, by the astronomer Royal Sir Harold Spencer Jones
The British Council, Londres, 1948.

Summerson, John
El lenguaje clásico de la arquitectura. De L.B. Alberti a Le Corbusier.
Editorial Gustavo Gili s.a. Barcelona 11ª edición 1998. ISBN 84-252-1644-3

Swanson, Randy
Practical and theorical applications of geometry at Claude Perrault´s observatoire de Paris (1667 – 1672)
En Nexos, architecture and mathematics

Kim Williams y José Francisco Rodrigues, editores.
Centro de Matemática y aplicaciones fundamentals
Universidad de Lisboa. 2002 ISBN: 88-88479-09-0

Sitios WEB de interés.

Observatorio de Manheim
http://www.klima-luft.de/steinicke/ngcic/persons/schoenfeld.htm

Observatorio Astronómico de Bogotá.
Página preparada por el Profesor Daniel Cardoso.
Fecha de actualización: Feb 06
Fecha de última consulta: Feb 17 06
http://web.mit.edu/dcardoso/www/4560/

Dibujo del interior del Observatorio de Greenwich